Verliebt in Perú

Eine magische Reise zu mir selbst

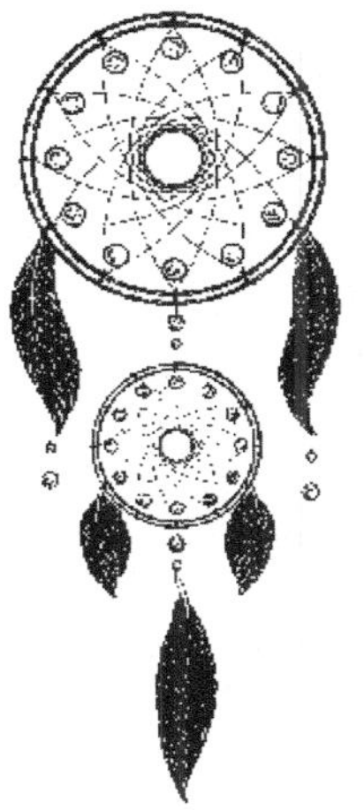

Impressum

ISBN: 9798880487691
Lektorat: Thomas Mekonen
Korrektur: Thomas Mekonen
Covergestaltung: Diana Mekonen
Buchsatz: Diana Mekonen
Schillerstr.19
71111 Waldenbuch
Herstellung & Vertrieb: Amazon.com, Inc.

Dieses Buch widme ich Elías Quispe
aus dem schönen Chitapampa in Perú

Du bist der beste Tour Guide Perus und darüber hinaus...
Danke, dass Du mir "Dein" Peru mit so viel Liebe,
Leidenschaft, Kompetenz und
Persönlichkeit gezeigt hast.

Dafür bin ich unendlich dankbar!
Ich freue mich sehr auf unsere gemeinsame Weiterreise
mit unseren zukünftigen Reise-Retreat Gästen in Perú!

Info zum Retreat:

Inhalt

Vorwort 1

1. Verwirrt, verloren, Burn-on 5

2. Hürden überwinden 9

3. Seelentief 13

4. Peru Juhu 17

5. Überraschungen in Lima 21

6. Tolle Menschen 25

7. Galapagos des kleinen Mannes 29

8. Weingut und Wüstensurfen 33

9. Hallo Aliens 37

10. Mumien & Kochkurs 41

11. Verliebt in Cusco 45

12. Im Heiligen Tal der Inkas 49

13. Ein Wunsch ans Universum 53

14. Machu Picchu mein Traum 57

15. Mystik und Chinchillas 61

16. Sexy Woman in Cusco 65

17. Außer Kraft gesetzt 69

18. Goodbye my Love 73

Nachwort 77

Danke! **82**

Autorin **86**

Weitere Bücher der Autorin **89**

Leseprobe **99**

Platz für Notizen **105**

Munay

Munay ist ein Wort aus der Quechua Sprache der Inkas.
Munay bedeutet übersetzt so etwas wie
eine allumfängliche und universelle Liebe.
Munay steht für die Liebe zwischen Menschen,
aber auch für die kleinen Dinge.
Munay drückt sich durch Freundlichkeit,
Fürsorge, Wärme, Reinheit
und Gastfreundschaft aus.
Munay ist die universelle Liebe hinter allem,
welche mit Willenskraft beschenkt und
Berge versetzen kann...

Munay ist in Perú überall zu spüren...

Vorwort

Liebe Leserin, lieber Leser

Ich freue mich sehr, dass Du mein Buch in Deinen Händen hältst und ich Dich somit mit auf meine Reise nach Peru und zu mir selbst mitnehmen darf. Lass Dich verzaubern von Peru. Gewinne einen ersten Eindruck, oder tauche noch einmal in die Magie des Landes ein, solltest Du schon einmal dort gewesen sein. Gleichzeitig möchte ich Dich auf eine kleine Reise in mein tiefstes Inneres mitnehmen, Dich an meinen Gedanken teilhaben lassen und Dir zeigen, wie heilsam eine Reise sein kann.

Manchmal müssen wir aus unseren Gewohnheiten und dem Alltag ausbrechen, um die Perspektive zu wechseln, neue Eindrücke und Erkenntnisse zu gewinnen, andere Menschen mit einem anderen Mindset und Werten kennenzulernen und die Seele auch einfach einmal baumeln zu lassen. Im Alltag stecken wir allzu oft mit unseren alltäglichen Aufgaben fest, haben selten Raum und die Zeit uns mit uns selbst zu befassen, das Leben zu reflektieren, uns neu zu orientieren und uns wirklich Zeit für uns selbst zu gönnen. Zu Hause und im Alltag stecken wir häufig in unseren eingefahrenen Gewohnheiten fest und tauschen uns meist auch nur mit gleich bzw. ähnlich denkenden

Menschen aus. Dadurch bleiben wir in unserer eingefahrenen und subjektiven Realität stecken, verlieren manchmal den Bezug zu unseren wahren Bedürfnissen, zu unserem Körper, unserem Geist und unserer Seele, fühlen uns verloren, einsam und verwirrt.
Mir ging es genauso. Ich steckte für Jahre in einem sogenannten Burn-on fest. Immer auf der letzten Stufe zum Burnout, aber noch nicht wirklich da. Ich fühlte mich verloren, ausgebrannt, entfremdet von mir selbst und festgefahren in den gesellschaftlichen Strukturen und meinen eigenen Gewohnheiten. Mit der Erkenntnis, dass es so nicht weitergehen durfte und sollte, entschied ich mich mit meinen 41 Jahren, mir eine Auszeit von meinen Pflichten, meinen Gewohnheiten und meinem Umfeld zu nehmen. Ich wollte mich selbst heilen, mich wieder finden, mich neu orientieren und mein Leben im Einklang mit meinen Bedürfnissen neugestalten. Mein Ziel: Meine Berufung zum Beruf zu machen. Dafür musste ich mich von der Last meines gut bezahlten Hauptberufes lösen. Ein mutiger Schritt in eine ungewisse Zukunft, jedoch ein erster Schritt in die richtige Richtung. Bevor ich diesen Schritt wagte, wollte ich mich auf Reisen erholen. Ich wollte die Orte besuchen, welche oben auf meiner Wunschliste standen. Dazu zählte eine Reise zum Machu Picchu in Peru.

Mit diesem Buch möchte ich Dich auf meine Reise nach Peru mitnehmen. Ich möchte meine Eindrücke, Impressionen, Erkenntnisse und Gedanken mit Dir teilen. Auch ist es mir ein Anliegen, Dir damit Mut zu geben, selbst den Mut aufzubringen, Dein Leben im Einklang mit Deinen Träumen und Bedürfnissen zu leben. Mit meiner wahren Geschichte möchte ich Dir zeigen, dass Mut zur Veränderung, auch zur Heilung und zum Leben im Einklang mit Deinen Bedürfnissen beitragen kann. Tauche ein in die Magie von Peru. Tauche ein in meine Gedanken- und Herzenswelt! Hab ganz viel Spaß mit mir in Peru, auf einem kleinen Abschnitt meiner Lebensreise. Vielleicht ermutigt es Dich ja auch, für Dich selbst loszugehen und Dir Deine Träume zu erfüllen.

Von Herzen, Diana

Glaube an Dich selbst
und Du wirst wie die Inkas,
riesige Steine in Deinem Leben
versetzen können!
Mit Deinen Gedanken fängt alles an...

1. Verwirrt, verloren, Burn-on

2023 war ich mit meinen Kräften am Ende. Noch nicht im Burn-out, aber im langjährigen Burn-on. Das heißt so viel wie, dass ich ständig unter Strom stand, noch nicht ganz im Burn-out gelandet war, aber dauerhaft kurz davor. Ich arbeitete in einem Job in Vollzeit, als IT-Projektmanagerin in einem deutschen Automobilkonzern. Mein Hauptjob machte mir so gar keine Freude und war Mittel zum Zweck des Geldverdienens. Dieser Job kostete mich sehr viel Energie und laugte mich aus, denn ich fühlte mich nicht wohl und konnte mich mit meiner Tätigkeit nicht identifizieren. Nun bin ich jedoch Kämpferin durch und durch. Daher versuchte ich zeitgleich, irgendwie aus dieser Situation heraus zu kommen. Ich schrieb Bücher, arbeitete an meinem Blog "Happiness & Health", war in den sozialen Medien aktiv und hatte, wie jeder andere auch, alltägliche Sorgen. Hinzu kam ein sich immer mehr distanzierender Freundeskreis, aufgrund von Corona. So war ich zwischen 2020 und 2023 weitestgehend von wirklichen sozialen Kontakten isoliert. Mein sozialer Austausch beschränkte sich auf die virtuelle Kommunikation und Zeit mit meinem Mann, unseren 2 Katern und meinen Eltern. Am Anfang fand ich das alles ganz angenehm. Dauerhaft im Homeoffice in Ruhe arbeiten zu können und endlich auch mal Zeit für mich zu haben war toll. Mit der Zeit merkte ich jedoch, wie ich mich schleichend immer mehr veränderte, und wie mir die viele Arbeit, die Sorgen und die Isolation zusetzten. Aus einer adretten und selbstbewussten Powerfrau wurde eine Jogginganzug tragende, leise und zurückgezogene Diana, welche nur noch arbeitete und nicht mehr zur Ruhe fand. Verzweifelt versuchte ich mich aus der Misere zu retten, aber irgendwie brachte jeglicher Fleiß und die Mühe nicht das gewünschte Ergebnis. Ganz das Gegenteil passierte. Ich fühlte mich mit der Zeit dauerhaft müde, energielos und ausgebrannt. Irgendwann fragte ich mich dann, was ich in der Rente von mir selbst denken würde, wenn ich in diesem energieraubenden IT-Projektmanagerjob bleiben würde. Die Antwort war leicht: Ich wäre schwer enttäuscht von mir, dass ich es nicht doch als Autorin und Coach für Selbst-, Zeit- & Stressmanagement ausprobiert hätte. Mein Seelenwunsch war es, Retreats im Ausland zu veranstalten. Ich wollte meine Herzensthemen, das Reisen und die Gesundheit in meinem Job vereinen. Mit diesem Wissen und meiner inneren Kämpfernatur entschied ich mich im März 2023 meinen Hauptjob auf Ende August zu kündigen und dem Traum meiner Berufung zu folgen. Zuerst nahm ich mir eine sechsmonatige Auszeit, um aus dem Burn-on wieder in die volle

Energie zu kommen. In diesen 6 Monaten wollte ich nicht einfach nur zu Hause herumsitzen. Ich wollte mir Träume erfüllen. So reiste ich nach Chiang Mai, um Zeit mit einem Mönch zu verbringen, machte eine zweiwöchige Gesundheitskur auf Koh Samui und besuchte endlich Anchor Wat in Kambodscha. Im Januar 2024 erfüllte ich mir dann auch noch meinen großen Wunsch den Machu Picchu in Peru zu erleben. Ein Wunsch, welcher sich schon 2007 bei einem Spaziergang mit meinen Hunden am Strand von Adelaide/Australien auftat. Ein netter Herr mit dem ich spazierte, plante damals seine viertägige Wanderung auf dem Inka Trail zum Machu Picchu und steckte mich mit seinen Erzählungen an. Das wollte ich auch erleben!

Burn-on

Ein Burn-On ist der langfristige Zustand
der Erschöpfung, immer kurz vor dem Burnout.
Man treibt sich dabei immer an die Grenze
und stoppt immer nur kurz bevor
der Burnout droht.
Man funktioniert noch,
lebt jedoch häufig fremdbestimmt.
Erholung und Regeneration finden
keinen oder viel zu wenig Platz.
Man fühlt sich dauerhaft ausgelaugt, energielos,
gestresst und vielleicht sogar verwirrt,
unkonzentriert und entscheidungsschwach.
Erkennst Du Dich in dieser
Beschreibung wieder?

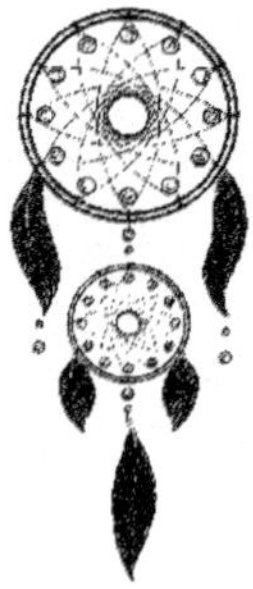

2. Hürden überwinden

Nach der Scheidung meiner Eltern im Jahr 2003 entschied ich mich, meinem besten Freund und meiner besten Freundin, als Backpackerin nach Australien zu folgen. Dort fühlte ich mich sogleich wohl und verliebte mich in einen philippinischen Australier. 5 1/2 Jahre teilten wir unseren gemeinsamen Lebensweg, während ich in Adelaide International Business studierte, das Meer, die Sonne, das gute Essen und die Zeit mit meinen Hunden genoss. Wir lebten damals eine Parallelstraße vom Meer entfernt. Morgens begann ich meinen Tag immer mit einem Strandlauf mit meinen Hunden. Etwas Tolleres konnte und kann ich mir kaum vorstellen, als meinen Tag zum Sonnenaufgang in der Natur zu verbringen. Eine ganz wundervolle und dankbare Zeit in meinem Leben. Bei diesen morgendlichen Spaziergängen begegnete ich häufig einem älteren Herren mit seinem Hund. Sein Name war Michael. Eines Tages erzählte er mir in voller Begeisterung, dass er sich in Kürze zum zweiten Mal in seinem Leben auf den Weg nach Peru machen würde, um sich auf den viertägigen und strapaziösen Inka-Pfad zum Machu Picchu zu begeben. Er und eine Freundin trainierten gerade dafür, ernährten sich gesund und versuchten viele Kilometer am Tag zu laufen, um

sich optimal auf ihr Abenteuer vorzubereiten. Ich selbst hatte davor tatsächlich noch nie vom Machu Picchu gehört. Als ich die Bilder vom Machu Picchu jedoch das erstmal online sah, war für mich klar: Eines Tages mache ich das auch!
2009 sollte es dann endlich so weit sein. Ich buchte mit einem Reiseanbieter in Kanada eine Reise nach Peru. Meine Bank half mir damals mit der internationalen Überweisung. Leider war mein ganzes Geld dann plötzlich im Nirgendwo verschwunden. So konnte ich meine Reise nach Peru nicht antreten, denn die Anmeldefrist war vorbei. Die Bank hatte tatsächlich eine Summe von ca. 3000 Euro falsch überwiesen. Mein Geld bekam ich zum Glück wieder zurück. Statt nach Peru ging es dann jedoch nach Uganda in Afrika. So vergingen die Jahre mit anderen Reisen, der Wunsch Peru immer im Herzen. Alleine wollte ich jedoch nicht nach Peru reisen, denn ich hatte Angst vor der Höhenkrankheit. Mein Körper reagierte einfach auf jegliche Veränderung. Daher war ich mir fast sicher, dass die Höhenkrankheit mich würde. Da wollte ich jemanden dabeihaben, auf wen ich mich verlassen kann.
Wie es das Leben so will, traf ich im Jahr 2022 auf einer wunderschönen Nepalreise, meine wundervolle Freundin Melissa aus Puerto Rico. Auch sie hatte den Wunsch nach Peru zu reisen. Mit der Kündigung meines Hauptjobs 2023

machten wir Nägel mit Köpfen, und buchten eine Gruppenreise für Januar 2024 nach Peru. Den Inka-Pfad trauten wir uns auf dieser Reise noch nicht zu. Wir waren keine Wanderer im alltäglichen Leben, und schließlich stellen die Höhenmeter eine zusätzliche Herausforderung dar. Daher wollten wir uns das erst einmal bei einer eintägigen Wanderung auf dem Inka-Pfad ansehen, welchen wir separat dazu buchten. Zum Zeitpunkt der Buchung hatte ich keine Ahnung, dass Peru mein Herz erobern würde und ich mich endlich wieder auf dem Weg zu mir selbst befand.

Hürden

Hürden sind dazu da
darüber hinweg zu springen.
Auch der Hürdensprung will gelernt sein.
Manchmal klappt er besser.
Manchmal klappt er schlechter.
Das ist völlig normal.
Wir sind ja zum Glück keine Maschinen!
Sei daher nicht so streng mit Dir selbst,
wenn Du nicht wie eine Känguru
über jede Lebenshürde springst.

3. Seelentief

Am 13.1.2024 sollte es dann endlich auf meine Wunschreise ins Land der Inkas und zum Machu Picchu nach Peru losgehen. Meine Vorfreude hielt sich jedoch in Grenzen. Irgendwie war ich müde, erschlagen und nervös. Die Höhenmeter machten mir wirklich Angst, vor allem auch weil mein Körper mir wieder einmal etwas Sorge bereitete. Mein Magen reagierte seit ein paar Wochen auf fast alles mit Übersäuerung, meine Autoimmunerkrankung Hashimoto-Thyreoiditis machte gerade mit ein paar Symptomen auf sich aufmerksam, das kalte und trübe Winterwetter schlug mir deftig auf das Gemüt, und am 1.1.2024 wachte ich mit einem komplett geschwollenen Auge auf. Warum weiß nur mein Körper. Zudem hatte der Buddhismus, nach meiner Erfahrung mit einem Mönch in Thailand, noch mehr mein Interesse geweckt. Daher war mein Fokus zu diesem Zeitpunkt auf Asien ausgerichtet. Zur spanisch-katholischen Kultur, welche ich Peru zusprach, hatte ich mich nie so wirklich hingezogen gefühlt. Auch das spanisch-südamerikanische Essen sprach mir nicht so zu. Vor allem war mir meine Erfahrung mit einer Lebensmittelvergiftung in Ecuador, mit welcher ich im Krankenhaus landete, noch sehr realistisch in Erinnerung. Daher war ich nicht ganz so optimistisch auf meine Peru Reise eingestimmt. Den Machu Picchu wollte ich aber unbedingt sehen. Eigentlich wusste ich ja auch nur wenig über Peru, außer dass es neben dem Machu Picchu noch die Nazca Linien gibt und den Titikakasee. Die Bilder und die Historie hinter den mir bekannten Attraktionen, sprachen mich auch wirklich an. Meine Stimmung war trotzdem etwas gedämpft und ich war sorgenvoll, ob ich diese Reise gesund überstehen würde. Die Tage vor Peru schlief ich täglich bis 10 Uhr morgens, was für mich als Frühaufsteher so gar nicht gewöhnlich ist. Ich fühlte mich einfach rundum unwohl und ich denke mein Burn-on grüßte mich in vollem Ausmaß. Auch 4 Monate, ohne verpflichtende Arbeit, hatten mir immer noch nicht die erhoffte Erholung geschenkt. Das ist jedoch kein Wunder, denn in dieser Zeit machte ich eine Zertifizierung zur Yin-Yoga Lehrerin, zur IHK-Fachkraft für Selbst- und Zeitmanagement und arbeitete an der Vermarktung meiner Bücher weiter. Faul sein und einfach einmal nichts tun, ist wirklich nicht meine Stärke. Die richtige Balance suche auch ich noch. Ich werde jedoch immer besser darin.

Mit meinem Wissen, dass es mir auf Reisen jedoch immer viel besser geht und ich im Ausland, ausgenommen in Ecuador, nie Probleme mit meinem Magen habe, versuchte ich mir gut zuzureden und mich irgendwie positiv auf die

Reise einzustimmen. Es fiel mir nicht wirklich leicht, was ungewöhnlich für mich ist. Vor einer Reise bin ich stets sehr in Vorfreude. Endlich den pflichtbewussten Alltag hinter mir lassen, dabei meine Seele mit neuen Eindrücken und entspannten Momenten, zu hegen und zu pflegen. Diesmal war jedoch alles irgendwie anders. Meine Intuition sagte mir schon vor der Reise, dass nach der Reise alles anders sein würde. Aufgrund meiner Energie- und Antriebslosigkeit war ich mir nicht sicher, ob Veränderung genau das war, was ich im Moment brauchte. Zum Glück war die Reise schon gebucht. So konnte ich keinen Rückzieher machen. Tatsächlich freute ich mich ja auch trotz meiner Bedenken, sehr auf meine Freundin Melissa und den Machu Picchu. So stellte ich mir schon zu Hause den Moment vor, wenn ich den Machu Picchu, wahrscheinlich mit Tränen in den Augen, das erste Mal erblicken würde, und mein langjähriger Herzenswunsch sich endlich erfüllte. Am 13.1.2024 ging es dann mit einem mulmig-vorfreudigen Gefühl an den Stuttgarter Flughafen. Peru, ich bin auf dem Weg zu Dir! Machu Picchu ich komme. Und da stellte sich die Vorfreude endlich ein!

Die Seele

Wenn Du Deine Augen schließt
und Deine Gedanken beobachtest,
dann nimmst Du bewusst
Deine Seele wahr.
Welcher Teil von Dir könnte sonst
Deine Gedanken wahrnehmen,
wenn da nicht noch mehr wäre,
als Dein Körper und Dein Geist?

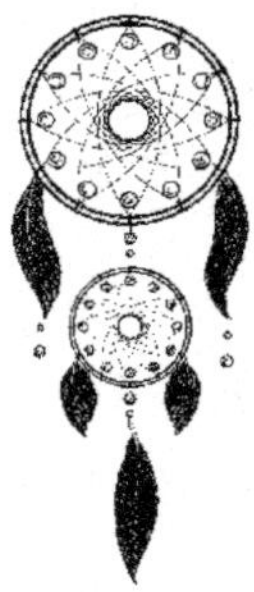

4. Peru Juhu

Nach über 20 Stunden Reisezeit hatte ich es endlich geschafft. Endlich konnte ich meinen Fuß auf peruanischen Boden setzen, südamerikanische Luft schnuppern, die warmen, sommerlichen Sonnenstrahlen auf meiner Haut spüren, Wärme tanken und dem grau-feuchten Winterwetter in Deutschland entfliehen. Mit dem ersten Tritt aus dem Flugzeug und dem Betreten Perus war ich im Glück, unwissend, dass mich dieses Glücksgefühl bis zum letzten Tag meiner Reise begleiten würde. Eine einmalige, verändernde und magische Reise stand vor mir und alles Misstrauen war mit dem ersten Atemzug peruanischer Luft verflogen. Auch meine erste Begegnung mit dem netten peruanischen Grenzbeamten war eine positive Erfahrung. Er begrüßte mich mit einem Lächeln, machte ein Späßchen mit mir, und wünschte mir einen wundervollen Aufenthalt in Peru. Für mich ist das nicht gewöhnlich, denn die meisten Grenzbeamten habe ich eher als unangenehm, unfreundlich oder sogar respektlos erlebt. Nicht so in Peru. Vielleicht hatte ich Glück. Vielleicht hatte ich an diesem Tag eine positive Ausstrahlung, oder der Grenzbeamte einen besonders guten Tag. Das weiß ich nicht. Was ich jedoch schon am Anfang dieser Geschichte sagen kann ist, dass ich fast

ausschließlich freundliche, fröhliche und zuvorkommende Peruaner kennenlernen durfte. Egal ob in Hotels, im Restaurant, an öffentlichen und touristischen Orten, oder im Supermarkt. Egal wo ich auf Peruaner traf, sie waren einfach nett! Unseren Reisebegleiter Elías Quispe, möchte ich in diesem Zuge auch gleich hervorheben. Ich kann mit Überzeugung behaupten, dass er der beste Reisebegleiter ist, welcher mir nicht nur in Peru, sondern weltweit und auf über 70 Länderreisen begegnet ist. Die Reisegruppe von 10 Personen war sich da zum Ende der Reise einig. Meine Einschätzung kann daher nicht so falsch sein. Elías ist einmalig in seiner Person und als Reisebegleiter. Wer mit ihm reist, ist sicher aufgehoben, rundum bestens versorgt, erfährt alles, was es über das wundervolle Peru zu wissen gibt, und man hat in ihm noch eine angenehme, offene und respektvolle Gesellschaft. Es ist fast so als reise man mit einem guten Freund. Absolut empfehlenswert!
Nun zurück zum Ankunftstag meiner Traumreise in Peru.
Nachdem ich mich freundlich beim Grenzbeamten für seine Urlaubswünsche bedankt, und meinen Koffer am Rollband in Empfang genommen hatte, konnte das Abenteuer Peru endlich losgehen. Glücklicherweise hatte ich mich für das rundum sorglos Reiserpaket entschieden. So wartete beim Austreten aus dem Flughafen, auch schon ein netter

Peruaner mit meinem Namensschild auf mich. Mein persönlicher Flughafentransfer zum Hotel in Miraflores in Lima. Dankbar und zufrieden ließ ich mich auf den Beifahrersitz des Flughafentaxis fallen, versuchte einen kurzen Austausch mit dem netten Herren. Leider sprach er nur Spanisch und ich noch nicht. Meine erste Reiselektion hatte ich somit schon in den ersten wenigen Minuten gelernt: Lerne Spanisch, damit du dich auch mit den nicht Englisch sprechenden Peruanern unterhalten kannst. Mit einem dicken Lächeln im Gesicht beobachtete ich auf der Fahrt zum Hotel das Geschehen auf den peruanischen Straßen, freute mich wie ein Kind über das Meer, als ich es endlich erblickte und fühlte einfach nur pure Dankbarkeit. Endlich war das Gefühl der Unsicherheit verflogen. Endlich war die Freude über diese Reise da! Peru Juhu!

Quechua

Quechua war die Sprache der Inkas.
Sie wird auch heute noch in Peru
und in anderen südamerikanischen
Ländern gesprochen.

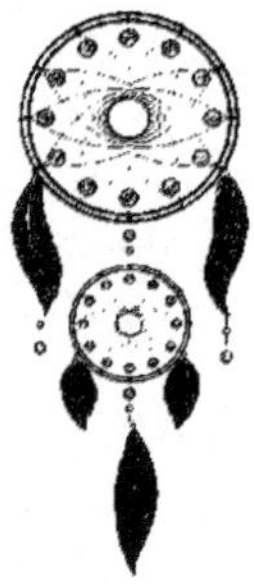

5. Überraschungen in Lima

Mein erster Eindruck von Lima, der Hauptstadt Perus, war einer von Überraschung. Insbesondere als das Taxi ins beliebte und moderne Stadtviertel Miraflores fuhr, wo sich auch mein Hotel befand. Ich hatte mir Peru tatsächlich nicht so modern vorgestellt. Warum weiß ich nicht! Ich hatte da einfach so ein inneres Bild und habe mich tatsächlich vor der Reise nicht allzu sehr mit Peru befasst. Ich wollte ja einfach nur den Machu Picchu sehen. In Lima fand ich jedoch moderne und gut erhaltenen Gebäude und Straßen, schöne, zeitgemäße Cafés und Restaurants, eine wunderschöne Strandpromenade und eine fröhliche Atmosphäre, welche mich direkt ansteckte. Ich liebe das Leben am Meer, aber mit dem schönen Flair in Lima hatte ich wirklich nicht gerechnet. Die Freude war somit umso größer.

Im Hotel checkte ich ein, freute mich über mein sauberes und gemütliches Zimmer und nahm noch schnell eine Dusche. Danach traf ich mich mit meiner wundervollen Freundin Melissa, für ein gemeinsames erstes Abendessen auf dieser Reise, im Hotel Restaurant. Es war eine Wonne sie nach 1 1/2 Jahren in die Arme zu schließen, mich mit ihr endlich wieder in Person und nicht nur virtuell zu unterhalten. So ist es für mich immer etwas ganz

Besonderes, wenn ich auf Menschen treffe, welche ich vom ersten Moment an ins Herz schließen kann! Melissa ist so eine Freundin für mich!
Eine weitere schöne Überraschung an diesem Abend war das leckere, vegane Essen im Hotel Restaurant! Wie schon anfänglich erwähnt, hatte ich nach meiner Lebensmittelvergiftung in Ecuador, Respekt vor dem südamerikanischen Essen. Auch war meine Hoffnung, dass ich auf meiner Peru Reise gut essen würde, sehr gering. Von der peruanischen Küche dachte ich, dass hauptsächlich Fleisch verzehrt werden würde. Für mich als Flexiganerin ist das nun mal wenig attraktiv. Meine Gedanken und Sorgen waren jedoch in keiner Weise berechtigt. Peru hat tatsächlich eine exquisite Küche und auch Veganer, Vegetarier und Menschen mit einer Glutenallergie kommen hier in ihren Genuss. Was wahrscheinlich die Wenigsten wissen ist, dass sich das beste Restaurant der Welt 2023 in Lima befindet. Um dort speisen zu können bedarf es einer Reservierung Monate im Voraus. Das hatte ich für diese Reise nicht in Betracht gezogen. So genoss ich ein leckeres und frisches Gemüse Kartoffelgericht, in bester Gesellschaft meiner Freundin Melissa, an meinem ersten Abend in Peru. Ein wundervoller Start in mein peruanisches Reiseabenteuer.

Den ersten Tag in Lima schliefen wir beide erst einmal aus und machten uns am späten Morgen nach einem frischen und gesunden Frühstück auf zu den Pyramiden von Huaca Pucllana. Diese archäologische Stätte befindet sich mitten in der Stadt Limas. Hier trifft, sehr beeindruckend, die Geschichte auf die Moderne. Vor Ort machten wir eine 1-stündige Führung und gönnten uns ein leckeres Essen im Restaurant. Das Quinoa Gericht kann ich an dieser Stelle absolut empfehlen. Den Rest des Nachmittags ließen wir uns treiben, machten einen Spaziergang auf der Strandpromenade, gönnten uns ein kühles Getränk in einem Strandkiosk, genossen das Leben und unsere freundschaftliche Gesellschaft.
Später am Abend würden wir das erste Mal auf unseren Reisebegleiter und die Reisegruppe stoßen.

Peruanische Küche

Die Peruanische Küche ist eine
der besten Küchen der Welt.
Das Restaurant "Central" in Lima
wurde 2023 von internationalen
Gourmet Kritikern sogar zum besten
Restaurant der Welt gekürt.

6. Tolle Menschen

Gegen 19 Uhr trafen wir uns mit unserem Reisebegleiter Elías und unseren 8 Mitreisenden, für ein erstes Kennlerntreffen, sowie für das Briefing zum Reiseablauf. Das Treffen fand in einem kleinen Raum des Hotels statt. Wie so oft beim Beginn einer Gruppenreise, sind die Teilnehmer beim ersten Aufeinandertreffen ein bisschen verhalten, noch ruhig und oft auch müde von der Anreise. Ich selbst hoffte, dass die Mitreisenden und unser Reisebegleiter wenigstens umgänglich waren. Leider hatte ich auf meiner letzten Gruppenreise in Kambodscha eine richtig schlechte Erfahrungen mit der Reisegruppe gemacht, was mir das Gefühl gegeben hatte, dass ich nie wieder in einer Gruppe reisen wollte. Peru hatte ich glücklicherweise schon gebucht. Sonst wäre ich vielleicht nicht auf diese Reise gegangen, welche mich so reichlich beschenkt hat. An dieser Stelle möchte ich jedoch gleich vorwegnehmen, dass ich unglaubliches Glück mit der Reisegruppe hatte. Es war ein ganz familiärer Umgang über die gesamte Reise hinweg, wofür ich sehr dankbar bin. Schließlich spielt die Gruppe, der Reisebegleiter, die Kulinarik und das Wetter eine entscheidende Rolle für das persönliche Reiseempfinden. Auf dieser Reise wurde mein Reiseerlebnis durch meine

Mitreisenden aus Kanada, England, den USA, Melissa aus Puerto Rico und Elías aus Peru sehr bereichert. Ich finde, dass das Reisen mit Menschen aus anderen Kulturen die Augen für das Leben öffnet und man immer etwas voneinander lernen kann.

Zurück zum Briefing, in welchem wir alles über die Reiseroute und den Reiseablauf erfuhren, Elías ein bisschen über sich erzählte und wir Fragen stellen durften, welche uns auf dem Herzen lagen. Schon bei diesem ersten Meeting strahlte Elías eine Leidenschaft für sein Land aus, glänzte mit Persönlichkeit und Kompetenz, als Guide und als Redner. Da stand für mich fest, wir werden auf dieser Reise mit Elías in guten Händen sein. Schließlich bringt er mit seinen ca. 20 Jahren Erfahrung in der peruanischen Reisebranche, einen wertvollen Wissensschatz über Land, Kultur, Leute und die Natur Perus mit. Er erzählte uns, dass er schon über 500-mal auf dem Inka-Pfad zum Machu Picchu gewesen war. Erst als Gepäckträger, dann als Guide. Das beeindruckte mich sehr und gab mir ein Gefühl von Sicherheit und Vertrauen in seine Kompetenz. Im Laufe der Reise stellte ich zudem noch fest, dass Elías neben seiner fachlichen Kompetenz, auch eine hohe emotionale Intelligenz mitbringt. So konnte er sich, über die ganze Reise hinweg, auf jede einzelne Person der Reisegruppe individuell einstellen und einlassen. Er hatte zu

jedem Zeitpunkt, jeden seiner Reisenden im Blick, war immer aufmerksam und gefühlt zu jeder Tages- und Nachtzeit für jeden erreichbar, um jeden von uns mit einem einmaligen Reiseerlebnis zu beschenken. Mich hat das sehr beeindruckt! Das habe ich noch nie zuvor bei einem Reisebegleiter erlebt. Elías geht mit voller Begeisterung, Herz und Seele seiner Berufung nach. Was könnte man sich als Reisegast, da mehr wünschen?
Nach dem Briefing ging die Gruppe noch gemeinsam essen. Es wurden die ersten Pisco Sour getrunken, die ersten peruanischen Gerichte, wie Ceviche, Lomo Saltado, oder Causa probiert. Ein wundervoller Abend im schönen Lima ging zu Ende.

Kartoffeln

Die Kartoffel soll
ursprünglich aus Peru stammen.
Es gibt hier über 4000 Sorten.

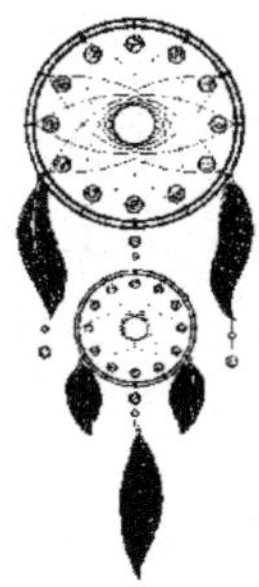

7. Galapagos des kleinen Mannes

Der erste Tag unserer Reiseroute startete mit einem gemütlichen Frühstück und einer späten Abfahrt gegen 10 Uhr. Elías wollte seine Reisegäste erst einmal in seinem Land ankommen lassen. Frühe Morgen würde es auf dieser Reise noch reichlich geben. Zudem hatten wir an diesem Tag lediglich eine 3,5-stündige Fahrt zur südlich von Lima gelegenen Küstenstadt Paracas vor uns. Erst am folgenden Tag wollten wir die Seelöwen, Flamingos und Humboldt Pinguine auf den Ballestas-Inseln im Paracas-Nationalreservat besuchen. Auf diesen Inseln leben geschützte Arten noch in Harmonie miteinander. So werden die Ballestas-Inseln, als die Galapagos Inseln des kleinen Mannes, angesehen.

Mit unserem Kleinbus verließen wir Lima und fuhren einen Teil der Strecke auf dem Panamerikanischen Highway, welcher sich von Alaska bis nach Argentinien zieht. Ich machte es mir an meinem Fensterplatz gemütlich und beobachtete wie gewöhnlich mit Freude und Neugier im Herzen was da so vor dem Fenster passierte. Ich liebe es in fremden Ländern im Bus zu sitzen, die vorbeiziehende Landschaft und das Treiben der Menschen auf der Straße zu bestaunen. Es entspannt mich tatsächlich. Schlafen kann und

möchte ich auf so einer Busreise nicht. Ich möchte den Moment, welcher mir geschenkt wurde nutzen und alles aufsaugen, was mir das Leben so bietet. Ich fände es schade, wenn ich diese Eindrücke nicht mitnehmen könnte. Im Alltag wird mein Lebenshunger selten so gut genährt wie auf Reisen. So auch bei einer einfachen Busfahrt.
In Paracas angekommen gingen wir in einem Restaurant an der Küste Mittagessen, checkten danach im Hotel ein und machten zum Sonnenuntergang noch einen kurzen Ausflug ins Paracas-Nationalreservat. Eine wundervolle Wüstenlandschaft direkt am Meer. So etwas hatte ich noch nie gesehen. Ich war auf die Kombination aus Meer und Wüste zwar schon in Namibia gestoßen, aber einen solchen atemberaubenden Ausblick hatte ich dort nicht erlebt. Das Farbenspiel aus rot, gelben Sand und dem blau-strahlenden Meer, mit dem Meeresduft und dem Geräusch der Wellen, sind für mich ein wunderschönes Naturspektakel.
Am nächsten Tag ging es am frühen Morgen mit dem Boot raus zu den Ballestas-Inseln. Auf dieser Tagestour hatten wir das Glück, bei schönstem Wetter, auf viele sich sonnenden und spielenden Seelöwen zu treffen. Auch die Humboldt-Pinguine versteckten sich nicht vor uns. Als wir in eine Höhle fuhren, fanden wir dort ein tierisches Schauspiel vor, denn an den Wänden saßen

unzählige Vögel nebeneinander. Kaum ein Fleckchen Wand war noch zusehen, und das Zwitschern der Vögel, war natürlich nicht zu überhören. Ich war begeistert, denn an diesem Morgen konnte ich voll in die Natur eintauchen, ihr zuhören, sie riechen und spüren. Vielleicht hört sich das für Dich nun komisch an, aber für mich zählt zu den wundervollsten Dingen im Leben, wenn ich die Natur mit allen Sinnen wahrnehmen und spüren kann. Dann bin ich ganz bei mir und das Leben fühlt sich in diesen Momenten, wie tatsächliches Leben an.
2 Stunden später legte unser Boot wieder an Land an. Neue Eindrücken im Erfahrungsgepäck.
Vom Meer ging es nun in die Wüste.

Weinbau Peru

Peru soll das erste Land
in Südamerika gewesen sein,
welches den Weinbau systematisch betrieben hat.
Es gibt 5 Weinbaugebiete in Peru.
Die wichtigsten liegen an
der Zentral- und Südküste.
Hier werden die bekanntesten Weine produziert:
Tacama, Vista Alegre und Ocucaje.

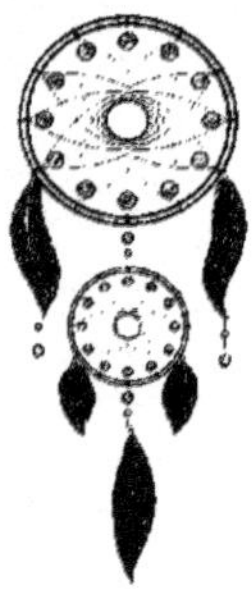

8. Weingut und Wüstensurfen

Nach einem eindrucksvollen Morgen auf den Ballestas-Inseln machten wir uns auf den Weg zu einem peruanischen Weingut. Hier wurde uns die Produktion des Weines bei einem Spaziergang über das Weingut erklärt. Bei einer Verkostung probierten meine Mitreisenden den Wein und ein paar Pisco Sorten, welche das Weingut herstellte. Ich selbst probierte kein Getränk, da ich generell kaum Alkohol trinke. Zudem wollte ich meinen Körper schonen, bevor wir uns auf 3400 Höhenmeter begaben und ich nicht wusste wie mein Körper reagieren würde. Ich hatte ja meinen großen Wunsch den Machu Picchu zu sehen, und die eintägige Inka-Pfadwanderung, vor Augen. Dafür wollte ich alles tun, damit sich dieser Wunsch erfüllte. So war es nicht weiter schlimm, dass ich bei der Verkostung auf den möglichen Gaumenschmaus verzichtete. Dafür bekam ich ein leckeres Mittagessen auf dem Weingut, welches mich für die rasante Jeep-Tour und das darauffolgende Sandsurfen in der Huacachina Oase vorbereitete.

An der Huacachina Oase hieß es im Jeep erstmal fest anschnallen und den Schal als Gesichtsschutz umwickeln, damit Augen Nase und Mund nicht innerhalb kürzester Zeit voller Sand waren. So

düsten wir mit dem Jeep über die Sanddünen. Es ging die Düne in rasantem Tempo hoch und steil wieder nach unten. Das ist sicher nicht für jeden etwas. Ich hingegen fand es total lustig und mochte den Nervenkitzel. Ein bisschen wie ein Freizeitpark in der wilden Natur, wobei dieser Gedanke ja eher traurig, als schön ist. Die Wüste alleine hätte mich wahrscheinlich auch schon Begeisterung spüren lassen.
Nach circa 30 Minuten rasanter Fahrt ging es dann aufs Sandboard, um eine Düne hinunter zu surfen. Naja, surfen kann man es nicht wirklich nennen, denn man legt sich mit dem Bauch flach auf das Brett, den Kopf vorne voraus, die Ellbogen dicht unter die Schultern geklemmt und die Beine leicht angehoben. Dann bekommt man noch den nötigen Schubs von einem Mitreisenden und schon geht es abwärts die Sanddüne hinunter. Ehrlich gesagt hatte ich selbst ein bisschen Sorge, ob ich mich verletzen könnte, da ich Sandboarden noch nie gemacht hatte. Ich war mir nicht sicher über die Geschwindigkeit und einen möglichen Kontrollverlust. Den Spaß wollte ich mir jedoch nicht entgehen lassen und so verabschiedete ich alle Sorgen aus meinen Gedanken, legte mich auf das Brett, folgten den Anweisungen von Elías und durfte mich letztendlich über meinen Mut freuen. Ich düste lachend die Sanddüne hinunter und hielt, ohne mein Zutun, vor der Kuppe des nächsten

Hügels an. Auch bei einer weiteren Düne ließ ich mich mit Freude den Berg hinuntergleiten und fühlte mich im Herzen für einen kurzen Moment wieder wie ein Kind. Ein Geschenk finde ich, denn dieses Gefühl der kindlichen Leichtigkeit wird im Laufe des Erwachsenwerdens eher zur Seltenheit. So blicke ich auch jetzt noch dankbar auf diesen geschenkten Moment zurück.
Wieder zurück an unserem Kleinbus, machte ich es mir für eine circa 2-stündige Fahrt bequem. Von Huacachina sollte es nun zu den mysteriösen Nazca Linien gehen. Hier würde ich das erste Mal auf Reisen mit dem Thema „Aliens“ konfrontiert werden.

Pisco Sour

ist das peruanische Nationalgetränk.
Es besteht aus Pisco, Limettensaft,
Zuckersirup, geschäumtem Eiweiß
und Amargo Chuncho Bitters.

9. Hallo Aliens

Auf unserer Fahrt in die Stadt Nazca, außerhalb welcher sich die berühmten Nazca-Linien befinden, wollten wir an einem Aussichtsturm direkt am Panamerikanischen Highway halten. Von hier kann man wenige der in den Sand eingravierten Riesenfiguren sehen, ohne dafür in ein Flugzeug steigen zu müssen. Mit etwas Glück schafften wir es noch circa 5 Minuten vor Turmschließung dort anzukommen. Und so stieg ich zum wunderschönen Sonnenuntergang die Stufen des Turmes empor, begleitet von einem Gefühl der Neugier und Faszination, und mit der Frage im Herzen: „Können diese riesigen Figuren wirklich noch ein Erbe von möglichen Alienbesuchen auf unserem Planeten sein?“ Vielleicht wunderst Du Dich an dieser Stelle über meine Gedanken. Insbesondere dann, wenn Du noch nie von den Nazca Linien gehört hast. Bei den Nazca Linien handelt es sich um riesige Figuren, Linien und Trapeze, welche präzise in den Wüstenboden eingraviert worden sind. Das über ein Areal von über 500 Quadratkilometern hinweg. Bis heute wissen selbst die Wissenschaftler nicht, wie es früheren Kulturen möglich gewesen sein soll, diese über 1500 Figuren, Linien und Trapeze so präzise und riesig in den Boden zu gravieren. Selbst die heutige Technologie lässt das noch nicht zu. Daher besteht für manche die Hypothese, dass es vielleicht auch Aliens gewesen sein könnten. Ich selbst bleibe offen, solange ich es nicht beweisen kann und mir niemand einen Beweis dafür gibt, das etwas ausgeschlossen ist. Egal ob von Aliens oder von Menschen erschaffen: die Nazca Linien, welche ich vom Aussichtsturm sehen konnte, haben mich beeindruckt.

In Nazca angekommen, nahm uns Elías an diesem Abend in ein einheimisches Restaurant mit. Hier durften wir ein bisschen peruanische Kultur, abseits des Tourismus, erleben. Ich kann Dir sagen, da war das Leben zu spüren. Musik wurde gespielt und in guter Gesellschaft viel gegrilltes Hühnerfleisch und Pommes Frites verzehrt. Ein bisschen Gemüse gab es auch. Ich bekam einen riesigen Teller gekochtes Gemüse, da ich kein Fleisch esse und auch mit Pommes nicht viel anfangen kann. Dafür war ich sehr dankbar. Einige meiner Mitreisenden schauten mich hingegen mitleidig an. Einen Teller Gemüse zum Abendessen schien für sie wirklich keine Option.

Den nächsten Vormittag verbrachten die Teilnehmer der Reisegruppe ganz unterschiedlich. Ein paar machten einen Flug über die Nazca Linien, andere verbrachten ihre Zeit mit der Besichtigung der Stadt und ich entschied mich für

eine Halbtagestour zu weiteren archäologischen Stätten in und um Nazca.
Zum Mittagessen trafen wir uns als Gruppe jedoch wieder und durften zum ersten Mal das peruanische Nationalgericht Panchamanca probieren. Bei diesem Nationalgericht werden das Fleisch und das Gemüse unter der Erde gegart. Das allein ist schon sehr interessant und besonders. Spannender war für mich jedoch die Zeremonie, um das Essen herum. Bei dieser Zeremonie wird Mutter Erde (Panchamama) geehrt, indem ihr zeremoniell für das Essen gedankt wird, welches sie uns zur Verfügung stellt. Allein diese Zeremonie zu erleben ist es wert, das lecker Panchamanca zu probieren.

Nazca Linien

Die Nazca Linien wurden mit dem Beginn
des Flugverkehrs in den 1920er entdeckt.
Bis heute bleibt ihre Entstehung ein Rätsel.
Seit 1994 zählen sie zum
Weltkulturerbe der UNESCO.

10. Mumien & Kochkurs

Nachdem wir das leckere Panchamanca Mittagessen zu uns genommen hatten, ging es zum Chauchilla Friedhof der Nazca Kultur. Hier findet man offene Gräber vor, in welchen die noch relativ gut erhaltenen und mumifizierten Toten, zu sehen sind. Erst in den 1920ern wurden die Gräber entdeckt. Sie gelten heute als denkmalgeschützte archäologische Stätte. Bei einer Führung erhielten wir nicht nur Informationen über die Gräber und die Nazca Kultur, sondern erfuhren auch so einiges über weitere peruanische Kulturen. Dabei wurde mir das erste Mal bewusst, dass die für Peru so bekannte Inka Hochkultur, weniger als 100 Jahre herrschte, und zwar nur zwischen 1438 und 1532. Dann kamen die Spanier und löschten das Inka-Volk aus. Ich finde es erstaunlich was die Inkas alles innerhalb dieser 100 Jahre erschaffen konnten. Vom Chauchilla Friedhof ging es dann noch zu einer familienbetriebenen Töpferei für eine kleine Vorführung. Den Abend ließen wir entspannt im Hotel ausklingen. Eine schöne Zeit in Nazca ging zu Ende.

Am folgenden Tag verbrachten wir circa 12 Stunden auf der Straße, um in die Stadt Arequipa zu gelangen. Eine lange Fahrt, bei welcher ich meinen Gedanken nachhängen durfte, die

Landschaft beobachtete und mich mit Elías über den schamanischen Naturglaube austauschte. Ich selbst habe eine Ausbildung in schamanischen Heilmethoden und so begeistert es mich, dass der Schamanismus ganz offen in Peru gelebt wird. In meiner westlichen Welt ist hier noch viel Misstrauen vorzufinden. Das finde ich schade, denn ich finde Wissenschaft und Spiritualität gehen Hand in Hand, solang beides nicht extrem und fanatisch ausgelebt wird. Beides hat seinen Platz und seine Berechtigung in unserer Welt. Man muss sich nicht für eine Seite entscheiden.

Den Tag in Arequipa starteten wir mit einem Besuch auf einem lokalen Markt, auf welchem wir die Lebensmittel für einen peruanischen Kochkurs einkauften. Ich liebe diese Farben und Düfte auf solchen Märkten. Deutsche Märkte sind immer so leblos, steril und förmlich und es duftet auch nicht so herrlich nach Obst, Gemüse und Blumen. Daher fand ich diesen Marktbesuch wieder einmal ganz toll. Noch toller fand ich jedoch, dass wir danach alle zusammen kochten und jeder einmal das Messer oder den Löffel schwang. So kochten wir gemeinsam das peruanische Gericht „Rocoto Relleno“, bei welchem es sich, um eine mit Rindfleisch gefüllte sehr scharfe Paprika handelt. Ich als Vegetarier bekam ein leckeres Quinoa Gericht. Dazu gab es Pisco Sour für alle. Diesmal

probierte ich ein Schlückchen und es war wirklich lecker.
Nachmittags verbrachten wir unsere Zeit im wunderschönen und empfehlenswerten Santa Catalina Kloster, sowie in einem kleinen Museum, in welchem wir etwas über die bekannte und sehr gut erhaltene Mumie des Inka-Mädchens Juanita erfuhren. Glücklicherweise war die Mumie gerade im Museum, sodass wir sie auch in echt betrachten konnten. Das ist nicht selbstverständlich, denn Juanita bereist als Mumie die Welt. Ums Leben kam das Inka-Mädchen bei einem Opferritual. Erst 1995 wurde sie auf 5000 m Höhe, in der Nähe des Ampato Gipfels, entdeckt. Wie Du vielleicht merkst: Mumien spielen nicht nur in Ägypten eine Rolle, sondern auch in Peru.

Peruanische Spezialitäten

Zu den peruanische Spezialitäten zählen:
Ceviche, Causa, Lomo Saltado, Rocoto Relleno,
Papa a la Huancaína, Tamales,
Chicha (Maisbier), Mate de Coca Tee,
Inka Cola & Chicha Mordada.

Der bekannte Fischsalat
Ceviche kommt
ursprünglich aus Peru.

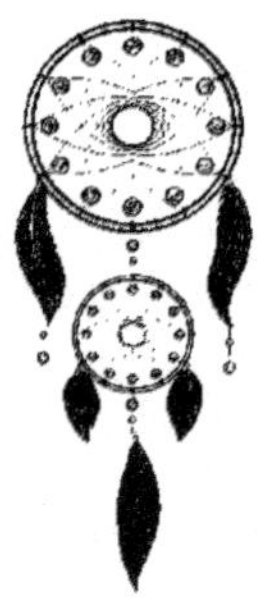

11. Verliebt in Cusco

Der große Tag nahte, an welchem ich herausfinden sollte, wie gut ich die Höhenmeter verkraften würde. Arequipa, auf ca. 2335 Höhenmetern, war schon ein erster Schritt in die Höhe gewesen. Nun würden wir jedoch nach Cusco auf 3399 Höhenmeter fliegen. Schon im ecuadorianischen Quito auf 2850 m, hatte ich die Höhe gespürt. Dort fiel mir das Atmen schwerer. Vor Cusco hatte ich daher Respekt. Ein paar meiner Mitreisenden hatten vorbeugend das Medikament „Acetazolamid" eingenommen. Dieses dient als Prophylaxe für die Höhenkrankheiten, wenn zuvor nicht ausreichend Zeit zur Akklimatisation ist. Ich hatte von diesem Medikament zuvor nichts gehört und auch nichts darüber gelesen. Somit ließ ich mich ganz natürlich auf die Höhenmeter ein und versuchte mir nicht schon vorweg zu viel Sorgen zu machen.

Als ich in Cusco aus dem Flugzeug stieg, nahm ich erst einmal einen tiefen Atemzug, um zu testen, wie gut ich atmen konnte. Zu meiner Freude ging es problemlos. So lachte ich innerlich ein bisschen über mich selbst und über diesen ersten Atemtest. Dass ich gut atmen konnte, gab mir das nötige Selbstvertrauen, dass ich die Höhenmeter gut wegstecken würde. So war es dann auch am ersten

Tag in Cusco. Bis auf eine schwerfälligere Atmung beim Hinauflaufen einer Straße, ging es mir wunderbar! Dafür war ich sehr dankbar!
In Cusco angekommen gingen wir erst einmal in einem Restaurant zum Brunch. Ein Highlight für mich, denn schon auf der ersten Seite der Speisekarte waren zahlreiche Gerichte für Veganer und für Menschen mit einer Glutenallergie. So fiel es mir hier besonders schwer mich für ein Gericht zu entscheiden. Letztendlich nahm ich ein veganes Frühstück aus „Baked Beans", gebratenen Champignons und glutenfreiem Brot. Die Portion, welche ich bekam, war wohl eher für 3 Personen gedacht. Keine Seltenheit in Peru. Die Portionen sind dort oft gigantisch.
Nach dem leckeren Frühstück machten wir einen Spaziergang durch die schönen Straßen Cusco und schon da verliebte ich mich ein bisschen in diese Stadt. Auch das Flair, der Plaza de Armas im Zentrum des öffentlichen Lebens, die vielen süßen Cafés und Restaurants und selbst die Souvenirshops begeisterten mich. Ich mag generell alte und traditionelle Städte mehr, als die modernen mit den hohen Gebäuden. So trifft Cusco voll und ganz meinen Städtegeschmack. Das Essen in Cusco ist übrigens in Qualität und Vielfalt ein Gaumenschmaus. Lecker, gesund und frisch.
Auch die Umgebung von Cusco ist traumhaft schön, denn die Stadt ist umgeben von einer

schönen Hügellandschaft. Wenn man von einer Anhöhe auf Cusco herabsieht, sieht man eine wunderschöne Stadt mit vielen roten Dächern. Ein weiterer Vorteil ist, dass Cusco nicht weit entfernt vom Heiligen Tal der Inkas ist. Ich für mich kann sagen, dass ich mich hier pudelwohl fühle.

Den ersten Tag verbrachten wir somit mit einer kleinen Stadtführung, gingen auf Wunsch meiner Mitreisenden in ein Geschäft für Kleidungsstücke und Souvenirs aus Alpakawolle, sowie in eine Schmuckschmiede. Auch hatten wir Zeit zum Entspannen, oder um die Stadt auf eigene Faust zu erkunden. Am Abend gingen wir noch lecker essen, bis auch dieser Tag mit tollen Eindrücken endete. Mein Herz hatte Cusco schon am ersten Tag erobert. Ich war verliebt!

Cusco

Cusco liegt auf 3399 Metern Höhe in den Anden und war einst die Hauptstadt des Inkareiches.
1983 wurde Cusco in die Liste der UNESCO-Welterbestätten aufgenommen.
Dem Wort Cusco wird auch die Bedeutung „Nabel der Welt" oder „Mitte der Welt" zugesprochen.

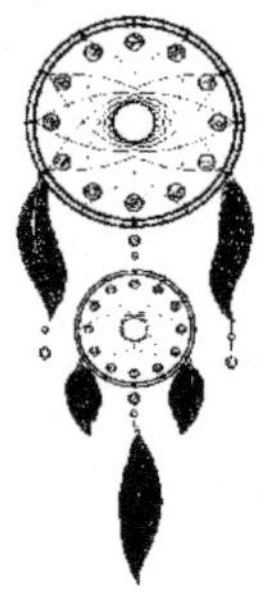

12. Im Heiligen Tal der Inkas

Heute fuhren wir endlich ins „Heilige Tal“ der Inkas und von dort sollte es endlich zum Machu Picchu gehen. Meine Traumerfüllung rückte immer näher und meine Aufregung auf diesen besonderen Tag machte sich ebenfalls bemerkbar. So hatte ich die Nacht nicht gut geschlafen, war schon gegen 3 Uhr morgens wach gewesen und konnte einfach nicht mehr einschlafen. Müde war ich jedoch nicht. Eher voller Energie, Elan und in Aufbruchstimmung. Bis zur Abfahrt gegen 7.30 Uhr musste ich mich jedoch gedulden.
Bevor wir losfuhren, wollte ich mir noch eine Flasche Wasser am Kiosk kaufen, denn ich hatte leider fehl-kalkuliert und mein Wasser schon fast vollständig ausgetrunken. Viel Wasser zu trinken ist in den Höhenmetern, zur Vorbeugung der Höhenkrankheit, besonders wichtig. Daher wollte ich noch Wasser für die Weiterreise besorgen. Leider hatte der Kiosk noch zu und so musste ich mich auf den Wasserkauf irgendwo auf unserer Strecke gedulden.
Unser erster Stopp war an einer Aussichtsplattform mit einer Jesus Statue. Von dort konnten wir auf Cusco herabblicken und die Stadt in ihrer vollen Pracht bestaunen. Ich verliebte mich gleich noch ein bisschen mehr in Cusco, als ich das

atemberaubende Umland, wahrnahm. Da wir während der Regenzeit dort waren, strahlte die Natur nur so in ihrer vollen Pracht und Farbgewalt. Ich kann nur sagen: Traumhaft schön!
Weiter ging es ins „Heilige Tal“ der Inkas. Für mich wohl der schönste Ort auf meiner Reise in Peru. Das satte grün der Wiesen und Felder, die Hügellandschaft, die süßen Ortschaften, die schönen Inka Stätten und Wanderwege. Ein Augenschmaus und Seelenschmeichler für mich als Naturliebhaberin.
Unseren ersten Stopp machten wir auf einer Kartoffelfarm, auf welcher wir alles über die Kartoffellandwirtschaft erfuhren. Neben Mais, Quinoa und Amarant ist Peru nämlich für seine Kartoffelvielfalt bekannt. Hier probierten wir gekochte Kartoffeln aus eigenem Anbau und meine Mitreisenden probierten einen Kartoffel Pisco. Ich selbst verzichtete, da es mir bei Ankunft in der Kartoffelfarm so gar nicht gut ging. Mir war schwindlig und ich fühlte mich richtig unwohl. Ich wusste nur nicht, ob ich dehydriert war, weil ich zu wenig getrunken hatte, oder ob sich die Höhenkrankheit doch bemerkbar machte. Glücklicherweise ging es mir nach einer getrunkenen Flasche Wasser besser. Als wir wenig später an den Pisac Ruinen ankamen, war ich wieder fast ganz hergestellt. Hier machten wir eine Besichtigung, trafen auf die ersten Lamas und

durften selbst noch auf Entdeckungstour gehen. So wanderten Melissa und ich zum höchsten Plateau der Ruinenstadt, auf 3514 m. Auf dem Rückweg zum Bus unterhielten Elías und ich uns über unsere Träume und stellten fest, dass wir den gleichen Traum teilten. Beide wollten wir Retreats für Reisende anbieten, bei welchen sie mit Yoga und der Meditation zur Ruhe kommen durften, aber auch Land, Leute und Natur kennenlernen konnten. Peru hatte ich bis zu diesem Zeitpunkt noch nie mit diesem Traum in Zusammenhang gebracht und es war mir zu diesem Zeitpunkt auch noch nicht bewusst, dass dieses Gespräch mein Leben verändern sollte.

Nationalfeiertag

Der Nationalfeiertag zur
Unabhängigkeit von den spanischen Kolonialherren
wird am 28.7. gefeiert.

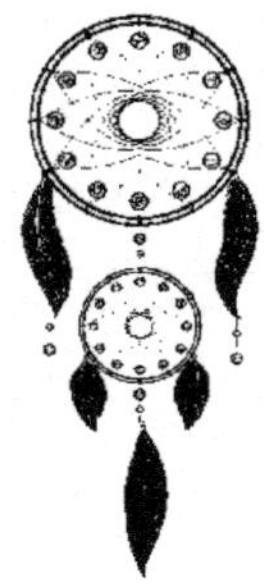

13. Ein Wunsch ans Universum

Von den Ruinen in Pisac ging es weiter in ein gemeinnütziges Restaurant. Dort bekamen wir ein leckeres und frisches Mittagessen in einer schönen Lokation serviert. Der schöne Garten war mit bunten Blumen bepflanzt und es gab ein Kräuter- und Gemüsebeet. Hier wurden einige Lebensmittel für die Gerichte des Restaurants geerntet. Das Essen schmeckte auch hier vorzüglich. So kam ich als Flexiganer wieder einmal ganz auf meine Kosten. An Gemüse im Essen wird in Peru nämlich nicht gespart. Auch der Service ist exzellent. So wurden auf meiner Reise, bei Bedarf, Gerichte auch einfach problemlos angepasst. Das beeindruckte mich sehr, denn in Deutschland wird das Servicepersonal manchmal regelrecht zickig, wenn man um Anpassung bittet.

Gut genährt machten wir uns auf nach Ollantaytambo, der letzten Stadt im Heiligen Tal der Inkas. Von dort würden wir am kommenden Tag auch den Panoramazug in Richtung Machu Picchu nehmen. Am heutigen Tag waren wir jedoch hier, um uns die Ruinen anzusehen, welche wunderschön am Hang eines Berges eingebettet sind. Hier wurde es ein bisschen sportlich, denn wir marschierten die vielen Stufen zum höchsten Punkt der Ruinen hinauf. Für Melissa, zwei weitere

Mitreisenden und mich, war das eine kleine Generalprobe für unsere 1-tägige Wanderung am kommenden Tag zum Machu Picchu. Da ich das problemlos meisterte, beschenkte mich auch diese positive Erfahrung mit Selbstvertrauen, dass ich die kommende Tageswanderung in den Höhenmetern gut meistern würde.
Die süße Stadt Ollantaytambo konnten wir uns leider nicht ansehen. Dafür war unsere Zeit zu knapp. Es war Zeit in Richtung unserer Unterkunft nach Urubamba, der Hauptstadt der Provinz, aufzubrechen. Der Abend sollte nicht zu spät werden, denn der folgende Tag würde mit der Panoramazugfahrt früh beginnen. Ich freute mich schon so sehr darauf, wie sich ein kleines Kind auf Weihnachten freut.
Die Unterkunft im Urubamba-Tal gefiel mir enorm gut, denn sie befand sich in der Natur und es gab sogar einen Yoga Raum. Wie gerne würde ich hier Yogastunden geben. Von diesem Traum träumte ich dann auch ein bisschen, als ich mich vor dem Abendessen auf einen großen Stein legte und den strahlenden und schönen Sternenhimmel betrachtete. Meine Gedanken waren ganz bei dem Gespräch mit Elías über unsere Träume. Schon da, unter dem Sternenhimmel in Peru, bat ich das Universum darum, mir diesen Wunsch zu erfüllen. Peru wurde an diesem Abend zu einer wirklichen Option für meine Retreat Pläne. Irgendwie hatte

Peru mein Herz, ganz unerwartet, im Sturm erobert. Auch wurde mir an diesem Abend bewusst, dass Elías der beste Tourguide und „Businesspartner“ ist, welchen ich mir an meiner Seite für die Organisation und Durchführung solcher Retreats vorstellen kann. Kompetenter, verlässlicher, leidenschaftlicher und sympathischer ist kaum möglich. So visualisierte und manifestierte ich meine Träume für ein Weilchen unter dem Sternenhimmel. Das Universum hatte mir schon öfter zugehört. Vielleicht auch an diesem Abend.

Machu Picchu

Machu Picchu ist Quechua und
bedeutet „Alter Berg".
Die Inkas erbauten die gut erhaltene
Ruinenstadt im 15. Jahrhundert.
Sie befindet sich auf 2430 Meter.
Seit 1983 gehört der Machu Picchu
zum UNESCO Weltkulturerbe.

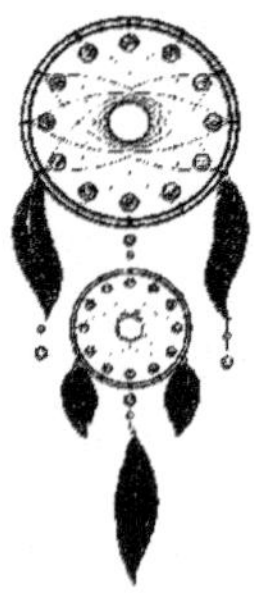

14. Machu Picchu mein Traum

Endlich war der Tag gekommen, von welchem ich so viele Jahre geträumt hatte! Heute würde ich die eintägige Wanderung zum Machu Picchu machen und es ging mir einfach wunderbar! Die Wochen zuvor hatte ich alles dafür getan, dass ich gesund, munter und fit für diesen Tag war, damit ich ihn in vollen Zügen genießen konnte. Das Glück war auf meiner Seite und auch die Sonne begrüßte mich an diesem Morgen. Noch vor Sonnenaufgang war ich aufgestanden um nochmals den klaren Sternenhimmel zu bestaunen und meine Wünsche an das Universum weiterzugeben. Sterne waren an diesem Morgen zwar keine zu sehen gewesen, doch ich genoss die Zeit für mich allein in der Natur und mit dem schönen Sonnenaufgang hinter den Bergen. Ein Moment des absoluten inneren Friedens, welchen ich nicht vergessen werde.
Nach dem Frühstück brachen wir mit unserem Kleinbus auf zur Zugstation in Ollantaytambo, wo wir den Panoramazug in Richtung Aguas Calientes, der Stadt vor den Toren zum Machu Picchu, nehmen würden. Ein Teil der Gruppe würde durchfahren. Melissa, ich und unsere 2 jüngsten Mitreisenden würden auf den Gleisen im Nirgendwo aussteigen, wo sich die Einstiegsstelle für unsere Wanderung befand.

Die Panoramazugfahrt durch die wunderschöne grüne Landschaft aus Wiesen, Hügel, Bergen, Bächen und kleinen Wasserfällen bestaunte ich mit großen und glücklichen Augen. Glücklicher hätte ich in diesem Moment wirklich nicht sein können. Nach circa 45 Minuten hielt der Zug im Wald an und wir stiegen auf den Gleisen aus. Von dort liefen wir an einen Bach, über eine Brücke hinüber und einen Hügel hinauf, wo sich die Passkontrolle befand. Um eine Wanderung auf dem Inka-Pfad zu machen, bedarf es nämlich einer kostenpflichtigen Genehmigung. Diese hatten wir zum Glück alle schon vor der Reise erhalten und so ging unsere Wanderung auch gleich schon los. Für diese Wanderung hatten wir einen anderen Tour-Guide. Elías war beim Rest der Gruppe geblieben, welche die Wanderung nicht machen wollte oder konnte.
Voller Freude marschierte ich los, muss jedoch zugeben, dass ich die ersten 30 Minuten mit meinem circa 6 Kilo Rucksack zu kämpfen hatte. Zudem war es viel Wärmer als ich dachte. Statt Winterjacke trug ich am Ende nur mein T-Shirt. Das hatte ich alles etwas unterschätzt.
Nach der ersten halben Stunde war ich dann jedoch warmgelaufen und voller Energie und Tatendrang. Eifrig wanderte ich den Berg hinauf und unterhielt mich mit unserem Guide über Peru, die Sprache der Quechua und den Machu Picchu. Ein Highlight für mich war die Inka-Ruine Wiñay Wayna. Ein ganz

energetischer und ruhiger Ort, an welchem ich für Stunden hätte sitzen können. Leider mussten wir weiter, bevor der Machu Picchu seine Tore schloss. Und dann, nach ca. 6 Stunden Wanderung kam der Moment, als wir das Sonnentor erreichten. Mit Tränen in den Augen lief ich hindurch und da sah ich ihn, den Machu Picchu in seiner vollen Pracht. Die Gefühle, welche mich in diesem Moment durchströmten, kann ich nicht in Worte fassen. Ich weine sogar jetzt, während ich diese Zeilen schreibe. Tiefste Dankbarkeit, pures Glück und innerer Seelenfrieden können es vielleicht ein bisschen beschreiben. Endlich lebte ich meinen Traum! Und so vergoss ich, mit dem Blick auf den Machu Picchu, ein paar Tränen der Dankbarkeit.

Ein herzliches Dankeschön

für das wundervolle Aquarellbild
von meinem ganz besonderen Vater
und Künstler Herbert Wiedmaier!

15. Mystik und Chinchillas

Vom Sonnentor liefen wir noch einen Hang über rutschige Steine hinunter. Es hatte angefangen zu regnen, was mir in diesem Moment aber völlig egal war. Ich lebte schließlich gerade meinen Traum. Das konnte mir auch das Wetter nicht vermiesen. Am Machu Picchu angekommen wurden wir erst einmal von Lamas begrüßt, welche dort frei herumlaufen. Eine volle Stunde verbrachten wir an diesem Nachmittag noch vor Ort, in welcher unser Reiseführer uns das erste Wissen über den Machu Picchu und die Inkas vermittelte. Ich muss zugeben, dass ich nicht fähig war ihm wirklich zuzuhören. Ich war mehr damit beschäftigt die wunderschöne Landschaft zu betrachten, den Vögeln beim Gleiten in der Luft dieses beeindruckenden Panoramas zuzusehen, sowie die Energie des Ortes zu spüren. Diesen Moment würde ich so schnell nicht wieder erleben dürfen und das Wissen konnte ich mir schließlich auch noch aus Büchern aneignen. Ich wollte einfach nur sein, spüren, sehen und genießen. Für unseren Reiseführer tat es mir trotzdem leid, denn er gab sich wirklich Mühe und machte seinen Job ganz wunderbar.

Wenig später stiegen wir in den Bus nach Aguas Calientes ein. Dort würden wir übernachten und den Rest der Reisegruppe zum Abendessen treffen. Ein touristisches Städtchen, welches mir aber trotzdem zusagte. Schön fand ich die Statuen, welche entlang des Flusses zu finden sind. Darunter Indianer, Inkas und in Stein gemeißelte Bilder von Familien und Liebespaaren.

Den Abend verbrachten wir gesellig in einem Restaurant und gingen früh schlafen, denn am nächsten Morgen besuchten wir den Machu Picchu erneut.

Nach einer weiteren Nacht, in welcher ich nicht ganz so gut geschlafen hatte, machte ich am frühen Morgen einen Spaziergang durch Aguas Calientes, bevor ich frühstückte und wir den Bus zum Machu Picchu erneut nahmen. Mit unserem Reisebegleiter vom Vortag erkundeten wir die Inka Ruinen ein weiteres Mal. Wir tauchten dabei noch tiefer in die Geschichte, die Architektur und die Mystik des Machu Picchu ein. Zu meiner Freude bekamen wir auch einen Chinchilla (Wollmaus) in freier Natur zu sehen. Das alles bei schönstem Sonnenwetter. So war das Glück auch an diesem Morgen, ganz auf unserer Seite. Ganz 2 Stunden verbrachten wir an diesem Morgen am Machu Picchu. Danach ging es zurück nach Aguas Calientes zum Mittagessen. Von dort würden wir den Zug nach Ollantaytambo und dann unseren Kleinbus zurück nach Cusco nehmen.

Während des Mittagessens unterhielten Elías und ich uns kurz über unseren gemeinsamen Traum. So richtig bekamen wir ein Gespräch darüber jedoch nicht hin. Dafür fehlte die Ruhe. Ich glaube auch, dass wir beide uns erst einmal aneinander herantasteten. Schließlich kannten wir uns ja erst ein paar wenige Tage. Ich kann das für mich auf jeden Fall behaupten.
Die Rückfahrt mit dem Panoramazug war erneut atemberaubend. Auch die Fahrt mit dem Kleinbus von Ollantaytambo nach Cusco begeisterte mich sehr, denn wir fuhren durch traumhafte Landschaften. Hier wäre ich gerne ausgestiegen, um mehr von dieser Region zu sehen. Die satten grünen Hügel und Wiesen, die Berge und ein Gletscher im Hintergrund, sowie der wunderschöne See, auf welchem Einheimische gelegentlich Kajak fuhren. Hier konnte man sicher toll wandern gehen und in die Natur eintauchen.

Peruanische Landschaft

Peru hat, wie kaum ein anderes Land,
eine einzigartige Landschaftsvielfalt.
Hier trifft man auf karge Wüste, mystische
Nebelwälder,
bizarre Felsenküsten, weiße Sandstrände,
die Anden und den tropischen Amazonas.

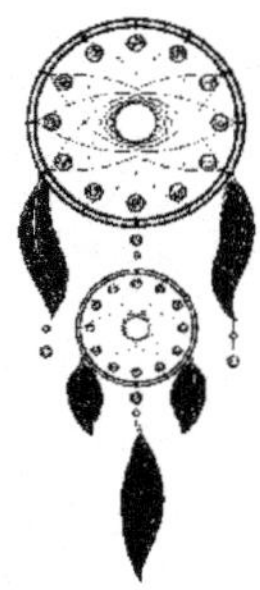

16. Sexy Woman in Cusco

Der heutige Morgen in Cusco startet für mich etwas mühsam. Eine weitere Nacht hatte ich nicht gut geschlafen und ich war schon wieder seit 3 Uhr morgens wachgelegen. Zudem verspürte ich starke Nervosität. Warum konnte ich nicht so wirklich sagen! Mein ganzer Körper fühlte sich in Aufruhr an. So ein bisschen, als müsste ich eine wichtige Präsentation halten, oder vor Publikum stehen. Daher entschloss ich mich für einen entspannten Morgen im Hotel. Im Versuch mich zu beruhigen machte ich Yin Yoga, meditierte und nahm das erste Mal in meinem Leben ein Bad in einem Hotel. Nichts davon funktionierte wirklich. Den Rest des Tages blieb das Gefühl von Nervosität.

Um 10 Uhr ging es dann los zur Inka-Festung Sacsayhuamán, am Stadtrand von Cusco. Einer unserer Mitreisenden war ganz besonders interessiert daran und hatte die Tage zuvor mehrfach darüber gesprochen. Allerdings, hatten wir oft „Sexy Woman" verstanden, was zu einem netten Insiderwitz der Gruppe wurde. Sacsayhuamán ist auf jeden Fall einen Besuch wert. Auch hier wunderte ich mich wieder sehr, wie die Inkas solche Bauwerke mit den wenigen Möglichkeiten, welche sie damals zur Verfügung hatten, errichten konnten. Die riesigen Steine

konnten kaum mit Menschenhand allein transportiert worden sein. So bleibt die Mystik, um die Inkas und ihre Bauwerke, bis heute bestehen. Von hier hat man übrigens auch eine ganz wundervolle Aussicht auf Cusco, welche man sich nicht entgehen lassen sollte. Wer Zeit hat, macht hier am besten ein Picknick, so wie es die Einheimischen auch tun.
Nachdem wir die Inka-Festung erkundet und die Aussicht über Cusco genossen hatten, nahm uns Elías noch zu zwei weiteren Inka-Stätten mit. Auch diese sind empfehlenswert. Wer generell am Thema Inkas interessiert ist, dem empfehle ich sich Zeit in Cusco zu nehmen und sich auch hier die einzelnen Inka Stätten anzusehen. Es lohnt sich.
Nach unserer halbtägigen Cusco Tour hatten wir Zeit zur freien Verfügung und obwohl ich Cusco von Herzen gerne erkundet hätte, musste ich mich an diesem Mittag ausruhen. Die Nervosität ging einfach nicht weg. Müde war ich komischerweise nicht, obwohl ich die letzten Tage zu wenig geschlafen hatte. Daher googelte ich, ob Nervosität und Schlaflosigkeit mit der Höhenkrankheit in Verbindung stehen können. Tatsächlich ist es so. Nun wusste ich warum es mir so ging, wie es mir eben ging. Das hieß Ruhe wahren, viel trinken und Coca Tee trinken.
Den Abend verbrachten wir, mit einer Vorstellung über den Nachthimmel der südlichen Hemisphäre,

im Planetarium in Cusco. Durch ein Teleskop konnten wir sogar den Jupiter sehen. Das fand ich toll, da ich mich für Astronomie und Astrologie interessiere.
Vom Planetarium machten wir uns auf in ein Bio Restaurant. Hier probierten meine Mitreisenden gegrilltes Meerschweinchen, was in Peru zu besonderen Anlässen verzehrt wird. Das Meerschweinchen wird dabei als Ganzes gegrillt. Natürlich stellten sie es so auf den Tisch, dass es mich ansah. Zum Glück bin ich auch in diesem Lebensbereich nicht extrem in meiner Haltung! So konnte ich auch als Flexiganerin, gut damit umgehen. Ich musste das arme Tier schließlich nicht essen.

Cuy chactado

In Peru ist Meerschweinchen
eine Delikatesse.

Cuy chactado
ist ein traditionell peruanisches
Meerschweinchengericht.

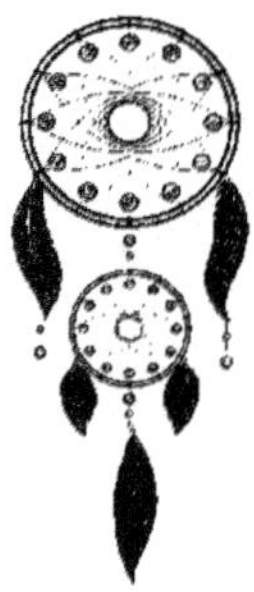

17. Außer Kraft gesetzt

Der heutige Morgen startete wieder einmal früh, denn wir hatten eine lange Fahrt nach Puno vor uns, um uns den „Titikakasee“ an der Grenze zu Bolivien anzusehen. Auf unserer Fahrt stiegen wir für einen Fotostopp, am höchsten Punkt unserer Reise, auf 4335 Höhenmeter, aus. Auch hier fand ich die nun sehr karge Landschaft aus Weideland und mit den Bergen im Hintergrund toll. So hing ich auf unserer Fahrt meinen Gedanken nach. Während ich die wunderschöne Landschaft an mir vorbeiziehen sah, flossen dann auch die ersten Abschiedstränen. So wurde diese Busfahrt, eine emotionale Busfahrt für mich. Ich merkte wie sehr ich mich in Peru verliebt hatte und wie ich so gar nicht bereit, gewillt und erfreut darüber war, in 4 Tagen in mein kaltes, nasses, anonymes und grauen Alltagsleben in Deutschland zurückzukehren.
Auf der Strecke machten wir in einem Imbissrestaurant zum Mittagessen Halt. Dort schaute ich mir, als Buchliebhaberin, einige Bücher im Bücherregal an. Dabei merkte ich plötzlich wie sich, aus dem Nichts, mein Herzschlag beschleunigte. Daher entschied ich mich, mich zu Melissa zu setzen und auf mein Essen zu warten. Beim Essen meines Quinoaburgers wurde mir dann auch noch schwindelig. Deshalb entschied ich

mich, Melissa und Elías mitzuteilen, dass es mir nicht gut geht. Elías holte daraufhin schleunig ein kleines Gerät aus dem Bus, welches er über meinen Zeigefinger stülpte, um den Sauerstoffgehalt in meinem Körper zu messen. Der war noch über 90 und somit in Ordnung. Mir ging es aber wirklich nicht gut. Als wir 2 Stunden später am Hotel ankamen, ging es mir mittlerweile richtig schlecht. Ich versuchte Ruhe zu wahren, aber ich kannte meinen Körper und der war nahe davor zu kollabieren. Elías teste nochmals meinen Sauerstoffgehalt und der lag bei 86. Das hieß ich hatte nicht genug Sauerstoff im Körper. Zum Glück gibt es auf diesen Höhenmetern in Peru in jedem Hotel Sauerstoffflaschen und die ersten 5 Minuten Sauerstoff sind umsonst. Also setzte mir Elías die Sauerstoffmaske auf und beobachtete mit dem Sauerstoffmessgerät an meinem Finger wie der Sauerstoffgehalt sich langsam verbesserte. Körperlich merkte ich das leider nicht. So wurde ich an diesem Nachmittag auf mein Zimmer gebracht, damit ich mich ausruhte. Ich hatte schon etwas Sorge und Angst, versuchte jedoch ruhig zu bleiben. Dabei half es sehr, dass ich das Gefühl hatte in guten Händen zu sein. Elías hatte da wohl schon öfter Erfahrungen mit seinen Reisegästen gemacht. Dafür war ich sehr dankbar! Der Sauerstoff half mir dann zum Glück doch noch und so schlief ich endlich eine Nacht durch. Ich hatte

wahrscheinlich die ganze letzte Woche schon unter der Höhenkrankheit gelitten. Als wir den Fotostopp am höchsten Punkt machten, hat mir das wohl den Rest gegeben. Zum Glück ging ja alles gut!
Am nächsten Morgen ging es mir viel besser, auch wenn das Atmen noch schwerfiel. Das ging den anderen Mitreisenden jedoch auch so. So war alles wieder im Normalbereich und ich konnte an unserer Tagesaktivität teilnehmen. Wir wollten uns den Titikakasee ansehen und die einheimischen Inselbewohner, die Uros, besuchen. Der Titikakasee ist übrigens riesig und das Landschaftsbild ist einmalig. Insbesondere mit den vielen kleinen Inseln auf welchen noch relativ ursprünglich gelebt wird. Der Besuch bei den Uros war auch sehr interessant. Sie leben auf Strohinseln inmitten des riesigen Sees. Etwas, was ich zuvor noch nicht erlebt hatte. Bei einer kleinen Vorführung teilten sie ihren Lebensalltag mit uns. Eine interessante Erfahrung und ein schöner Tag am Titikakasee!

Nationalsport

Der Nationalsport Perus ist Fußball.

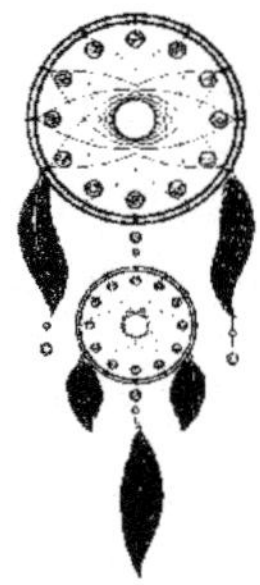

18. Goodbye my Love

Den Abend in Puno hatten wir noch mit einer traditionellen peruanischen Tanzshow in einem Restaurant in der Innenstadt verbracht. Dabei hätte ich gerne mitgetanzt, denn die peruanische Musik löste bei mir Tanzlaune aus. Die Kostüme und die Darbietung waren toll. Es war schön, hier ein kleines bisschen peruanische Kultur zu erleben. Von Puno ging es am folgenden Tag per Flugzeug zurück nach Lima. Schon an diesem Morgen spürte ich, wie sich das unschöne Abschiedsgefühl in mir ausbreitete. Statt jedoch Trübsal zu blasen, wollte ich meinen letzten Tag in Peru genießen. Es lag ja in meiner Entscheidung, ob ich den Tag traurig oder glücklich verbringen wollte. So bemühte ich mich negative Gedanken beiseite zu schieben und die Positiven einzuladen. Leichter gesagt als getan, aber ich versuchte mein Möglichstes.
Am späten Nachmittag kamen wir in Lima an und zogen wieder für eine letzte Nacht in unser schönes Starthotel. An diesem Abend nahm uns Elías mit in ein sehr leckeres peruanisches Fusion-Restaurant. Eine Kombination aus Chinesisch und Peruanisch, welche enorm lecker war. Auf dem Weg zum Restaurant hatten Elías und ich nochmals eine kurze Möglichkeit uns über unseren Reise-Retreat

Traum zu unterhalten. Wie sehr ich mir das wünschte!
Die Abschiedsrede eines Mitreisenden und von Elías im Restaurant, löste dann in mir auch die entsprechende Emotionen aus. So musste verzog ich mich danach heimlich auf die Toilette. Ich brauchte einen kurzen Moment, um mich zu sammeln. Der Abschied fiel mir wirklich enorm schwer. Das Gefühl kannte ich zwar schon von anderen Reisen, aber diesmal war es fast schon Qual. Es war als wäre ich sowohl im Innen, als auch im Außen, endlich angekommen. So als hätte ich meinen Platz auf Erden endlich gefunden, an welchem ich mich so richtig wohlfühle. Sicher, ist ein Urlaub und das wahre Leben ein Unterschied. Da bin ich realistisch und erfahren. In Peru wollte ich trotzdem einfach sein. Mich von diesem Gefühl trennen zu müssen, und an einen Ort zurückzukehren, welcher mir so viel Energie und Freude raubte, empfand ich als emotionale Tortur. Und das obwohl ich mittlerweile Expertin darin bin, meine eigenen Gedanken positiv zu beeinflussen. So litt ich an diesem Abend heimlich und versuchte mir meine wahren Gefühle nicht ansehen zu lassen.
Am nächsten Morgen, nach einer Nacht mit nur sehr wenig Schlaf, war es dann auch so weit. Ich brach in meinem Zimmer schluchzend in Tränen aus. Ich konnte meine bis dahin zurückgedrängten

Emotionen, einfach nicht mehr verbergen und leugnen.
Beim Abschied von Elías und den Mitreisenden musste ich mich daher enorm zusammenreißen, dass ich meine Emotionen hier nicht im vollen Ausmaß zeigte. Das wäre mir unangenehm gewesen. Warum weiß ich tatsächlich nicht. Gefühle jeder Art sollte man ja eigentlich leben und zeigen dürfen.
Elías schien meine Emotionalität mal wieder gut einschätzen zu können. So setzte er sich alleine zu mir an den Tisch, suchte das Gespräch und bot mir an, dass wir uns unbedingt in den kommenden Tagen virtuell zu unserem geteilten Reiseretreattraum, austauschen sollten. Damit konnte er mir ein Minilächeln auf das Gesicht zaubern. Ganz traute ich der Sache aber nicht, denn wir hatten nicht wirklich die Gelegenheit gehabt uns über unseren geteilten Traum zu unterhalten.
Den letzten Tag bis zu meinem Flug überstand ich mühsam. Ich versuchte die Zeit, welche mir mit meiner wundervollen Freundin Melissa blieb zu genießen.
Um 22 Uhr hieß es dann „Goodbye meine neue Liebe Peru“! Ich weiß, wir werden uns bald wiedersehen!“

Gefühle

Gefühle kommen und gehen.
Daher dürfen wir sie wahrnehmen,
annehmen und wieder loslassen.
Auch negative Gefühle sind nicht von Dauer.

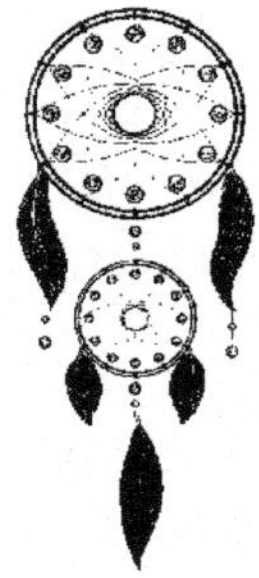

Nachwort

Lieber Leser und liebe Leserin

Ich hoffe, ich konnte Dich mit meiner Geschichte auf eine Traumreise nach Peru mitnehmen, Dich dabei ein bisschen verzaubern, zum Träumen anregen, Dich vielleicht sogar dazu motivieren, dass Du Dir Deine eigenen Träume erfüllst und sie lebst. Vielleicht konnte ich Dir auch etwas Mut zusprechen für Deine Bedürfnisse einzustehen und nach Deinen Vorstellungen zu leben, um Dich damit selbst glücklich zu machen. Im besten Fall habe ich Dir auch Peru so richtig schmackhaft gemacht und vielleicht trägst Du nun selbst den Wunsch in Dir, Peru einmal zu bereisen. Ich kann es nur von Herzen empfehlen. Ich werde die Erinnerungen auf ewig in Dankbarkeit in meinem Herzen tragen. Meine Reise endete übrigens nicht mit dem Abschied von Peru. Elías und ich telefonierten, nur 1 Woche nach meiner Rückkehr in Deutschland, miteinander. Fast 3 Stunden unterhielten wir uns über unseren gemeinsamen Traum, Reise-Retreats für interessierte Mitmenschen anzubieten. Schnell war klar, dass dieser Traum auf beiden Seiten mit ganz viel Liebe, Leidenschaft und Motivation verbunden ist. Schon während dieses Gespräches legten wir für uns einen Plan fest, und teilten Verantwortungen und

Aufgaben auf. Mit Freude und Fleiß machten wir uns sofort daran, diesen Traum in die Wege zu leiten. Nur vier Wochen später, war unsere Reisebeschreibung fertig, die Information dazu auf meiner Webseite hochgeladen, die erste Werbung auf Instagram und Facebook dafür gestartet und auch unsere erste Interessentin hatte sich bei mir gemeldet, und sich als Gast für diese Reise angemeldet. Das Universum war wohl ganz auf unserer Seite und auch unser Tatendrang und unsere gemeinsame Initiative diesen Wunsch zu erfüllen, half uns bei der Wunscherfüllung. Unsere Retreat-Reise in Peru findet noch dieses Jahr statt und Elías und ich freuen uns schon riesig darauf. Gemeinsam werden wir mit unseren Gästen an viele Orte meiner ersten Reise nach Peru reisen und auch der Amazonas steht auf dem Programm. Im Heiligen Tal der Inkas dürfen unsere Gäste zur Ruhe kommen, können sich mit Yoga und der Meditation entspannen und die ersten Eindrücke sacken lassen. Wir möchten unseren Reisegästen das Gesamtpaket aus Kultur, Natur, gutem Essen, Entspannung und magischen Momenten anbieten. Unsere Reisegäste sollen eine unvergessliche Zeit erleben, welche ihnen auf ewig in Erinnerung bleibt. Unsere Begeisterung und Liebe für Peru möchten wir mit Euch teilen. So freuen wir uns über jeden und jede von Euch, welche uns auf eine gemeinsame Reise in Peru begleiten möchte.

Weitere Informationen findest Du auf meiner Webseite (**www.happinessundhealth.de**), oder auf meinen Social Media Kanälen (**diana.mekonen.author**).
Gerne kannst Du mich auch direkt anschreiben, wenn Du Fragen und Feedback zum Buch, zu Peru, zu Elías als Tour Guide oder zu unseren Retreats hast. Gerne direkt eine Mail an mich: **mindfultravelperu@gmx.de**.
Mit Elías kannst Du übrigens auch private Touren organisieren. Dafür darfst Du gerne auf mich zukommen. Ich helfe Dir auch hierbei mit Freude weiter. Schau gerne auch auf Elías Facebook Profil persönlich vorbei: **Elias Quispe AT**.
Nun bleibt mir nur noch DANKE zu sagen, dass Du Dich für mein Buch interessiert hast! Ich wünsche Dir von Herzen nur das Beste! Vielleicht irgendwann, auf einer gemeinsamen Reise in Peru …

Von Herzen, Diana

Unser Peru Reise Retreat

Neugierig auf eine Reise mit mir und Elías geworden? Schreib uns gerne eine Mail an: mindfultravelperu@gmx.de.

Alternativ findest Du hier alle wichtigen Informationen:

Liebeskompass=Lebenskompass

Die Liebe ist Dein Lebenskompass.
Folge der Liebe und Du wirst glücklich sein.
Liebe ist die stärkste positive Energie,
welche es im Universum gibt.
Liebst Du, so strahlst Du genau
diese Energie aus.
Hab keine Angst davor zu lieben...

Danke!

Mit diesem Buch möchte ich insbesondere Elías Quispe danke sagen, für die schönste Reise meines Lebens, denn es war die Schönste. Ich habe jede Minute davon genossen und konnte mich so richtig in Peru verlieben. Die Liebe ist doch das schönste aller Gefühle!
Danke, dass Du gemeinsam mit mir, mit so viel Eifer und Liebe, an unserem Traum der Reise-Retreats arbeitest! Ich freue mich unglaublich auf alles was da noch auf uns zukommen mag! Egal ob Herausforderung, oder Erfolg. Ich werde die Erfahrung genießen!

An meine wundervolle Freundin Melissa geht ein weiterer besonderer Dank! In Nepal auf unserer Reise haben wir uns kennengelernt, über 1 ½ Jahre mindestens wöchentlich, manchmal täglich geschrieben und dann waren wir gemeinsam in Peru! Ich habe jeden Moment mit Dir genossen und ich freue mich auf weitere Reisen! Du bist eine ganz wundervolle Frau und Freundin! Schön, dass es Dich gibt!

Danke auch an meine tollen Mitreisenden auf der Peru Reise! Auch ihr habt meine Reiseerfahrung bereichert und zu einem unglaublichen

Reiseerlebnis gemacht! Es war schön mit einer so tollen und harmonischen Reisegruppe zu reisen. Ich werde es auf Ewig in Dankbarkeit mit mir in meinen Erinnerungen tragen…
Danke an Ida, Randolph, Justina, Liam, Pennie, Robbie, Deborah and Ann!

Danke auch an meinen ganz wundervollen Ehemann und meine Familie, welche mich immer auf meinem Weg unterstützt, egal welche verrückten Ideen ich habe. Meine Peru Reise-Retreats sind ja wieder einmal ein Abenteuer auch für Euch… Danke!

Ein ganz, ganz dickes und fettes Danke an meinem Vater Herbert Wiedmaier, welcher das wundervolle Bild vom Machu Picchu für mich gemalt hat. Eigentlich sollte es das Coverbild dieses Buches werden, wie schon für ein paar meiner anderen Bücher. Diesmal habe ich mich dann doch anders entschieden. Da es ein biografisches Buch ist, darf auch ich einmal vorne auf dem Cover zu sehen sein. Das Bild meines tollen Vaters, musste jedoch trotzdem in das Buch! Danke Dad! Du bist und bleibst auf ewig wundervoll für mich! Du bist der Beste für mich, das weißt Du ja…

Der letzte und sehr bedeutende Dank geht an Dich liebe Leserin und lieber Leser! Ein ganz herzliches

Danke, dass Du mein Buch gekauft hast und meinen Traum Autorin zu sein damit unterstützt! Ohne Dich wäre das nicht möglich! Nur das Beste für Dich!

Alles Liebe, Diana

PS: Wenn Dir mein Buch gefallen hat, dann wäre ich Dir enorm dankbar für eine Rezension, denn diese Rezensionen helfen uns Autoren enorm weiter. Nicht nur weil andere diese Lesen können, sondern auch weil das dabei hilft den lästigen Algorithmus zu brechen, um weiter oben in der Suchtliste gelistet zu werden. Daher sind Rezensionen eine wirkliche Hilfe.

Schon jetzt ein fettes Dankeschön von mir an Dich, solltest Du Dir die Mühe machen! Ich schätze das sehr!

Authentizität

Wer mutig ist und authentisch lebt,
wird mit innerer Freiheit und
innerer Ruhe beschenkt.
Immer wenn Du authentisch bist,
dann lebst Du im Einklang mit
Dir selbst.

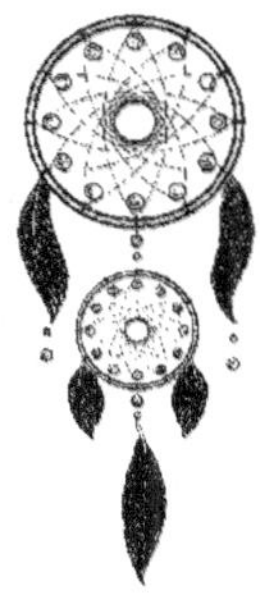

Autorin

Diana Mekonen wurde 1982 geboren und lebt im Großraum Stuttgart.
Neben ihrer Tätigkeit als leidenschaftliche Autorin ist Diana Mekonen zertifizierte psychologische Beraterin, Gesundheits- und Präventionscoach, IHK-Fachkraft für Stressmanagement und Prävention, IHK Fachkraft für Rhetorik & Kommunikation, IHK-Fachkraft für Zeit- & Selbstmanagement, Vinyasa Power und Yin Yogalehrerin, Meditationslehrerin, vegane Ernährungsberaterin, Bloggerin, sie ist ausgebildet in schamanischen Heilmethoden, hat jahrelange Erfahrung als IT-Projekt Koordinatorin im Bereich Learning Management, ist Herzensmensch, Weltreisende, Natur- und Tierliebhaberin.
Ihre Lebensvision ist es durch Wissensvermittlung mehr Gesundheit und Glück in die Welt zu tragen.
Für Diana Mekonen stehen die Gesundheit, ihre Familie, sowie ihre persönliche Selbstverwirklichung an erster Stelle in ihrem Leben!

Neben dem Schreiben und ihrer Arbeit als Stresspräventions- & Entspannungsberaterin liebt die Autorin das Lesen, Reisen, Zeit in der Natur und mit den liebsten Mitmenschen.
In ihrer Freizeit macht sie Yoga, meditiert, zeichnet, genießt faule Podcast Nachmittage mit ihrem Mann, mag gutes und natürlich-gesundes Essen, sich für Ayurveda, liebt Zeit allein, liebt die Stille, das Meer, Kaminfeuer, Reis in jeder Form, sonnenreiche Tage & Wärme.
Auf Instagram, Facebook und auf ihrem Blog kannst Du noch mehr über Diana Mekonen erfahren, oder Dich von weiteren Gesundheitsthemen inspirieren lassen.
Ihren Blog findest Du unter www.happinessundhealth.de.
Facebook & Instagram: **diana.mekonen.author**

Folge Deinem Herzen...

...denn es zeigt Dir
Deinen eigenen Lebensweg...

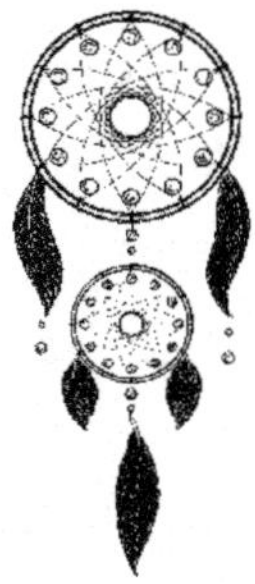

Weitere Bücher der Autorin

Von der Magie der Selbstverwirklichung

Diana Mekonen entschied sich im März 2023 ihren gut bezahlten und sicheren Job als IT-Projektmanagerin in einem deutschen Automobilkonzern aufzugeben und ihrer Herzensberufung zu folgen. Sie kündigte ohne jegliche Sicherheit, jedoch mit dem festen Glauben an sich selbst und an die Hilfe des Universums. Jahrelang hatte sie sich auf diesen Schritt vorbereitet, dabei wurden ihr viele Steine in den Weg gelegt. Auch musste sie sich selbst aus einem jahrelangen Burn-on kämpfen und lebte ein Leben, in welchem sie sich immer wieder neu erfand. Ihr Mut wurde belohnt! Heute lebt sie ihre Herzensberufung und organisiert Retreats im

Ausland, ist erfolgreich als Autorin und gibt Workshops in Unternehmen. Von dieser inneren Reise und der Magie des Universums handelt dieses Buch.

Leseprobe am Ende dieses Buches…

Lebst Du schon oder funktionierst Du nur?

"Lebst Du schon, oder funktionierst Du nur?" ist der Nachfolger des Erfolgsbuches "Lebe Statt Nur Zu Funktionieren".

In diesem Buch sind Gedankenanreger und Reflexionsfragen zu verschiedensten Themen rund um ein glücklicheres Leben enthalten.

Das Buch regt an sich selbst besser kennenzulernen und das Leben nach den eigenen Bedürfnissen auszurichten und zu gestalten.

Ein Buch welches liebevoll und empathisch motiviert das eigene Leben in die Hand zu nehmen, die eigenen Gedanken, Gefühle und das Handeln zu reflektieren.

Es bestärkt den Leser darin sich selbst zu sein und sich mit mehr Selbstliebe und Selbstfürsorge entgegenzutreten.

Das Buch enthält viele schöne Gedankenanreger zu den Themen Alleinsein, Einsamkeit, Beruf,

Berufung, Authentizität, Balance, Besitztum, Reichtum, Money Mindset, Selbstliebe, Selbstfürsorge, Selbstbestimmung, Stressmanagement, das Ego, Freiheit, Glück, Zufriedenheit, Weiterentwicklung, Meditation, innerer Frieden, Glaubenssätzen, Bewusstsein, Seele, Spiritualität, Lebensvision, Kommunikation, Macht, Mut, Selbstbestimmung, Sex, Gefühle, Selbstvertrauen und mehr.
Zusätzlich gibt die Autorin einen Einblick in ihr Leben, als Autorin, Mensch und Gesundheitscoach.
Als Geschenk für ihre Leser gibt es auf ihrem Blog www.happinessundhealth.de einen exklusiven und kostenfreien Mitgliedsbereich mit vielen Mediationen und Achtsamkeitsübungen.

Lebe Statt Nur Zu Funktionieren

In diesem Buch sind Lebensweisheiten und Sprüche enthalten, welche dem modernen und digitalen Zeitalter der Funktions- und Leistungsgesellschaft entsprechen und zum Nachdenken und Umdenken anregen. Es bestärkt darin sich selbst und das Leben wieder mehr zu feiern, dem eigenen Leben mit mehr Freude, Vertrauen, Leichtigkeit und Selbstliebe zu begegnen und dabei einfach nur mal wieder Mensch sein zu dürfen, Spaß am Leben zu haben und sich Zeit für das eigene Wohlergehen zu nehmen. Dabei wird den Themen Selbstliebe, Glück, Ziele, Erfolg, Entscheidungen, Selbstverwirklichung, Wahrnehmung, Gefühle, Gedanken, Identität, Selbstbewusstsein, Achtsamkeit, Spiritualität, soziale Kontakte, Ernährung, Bewegung, Zeit, Geld und Reichtum, das Leben an sich, sowie die Gesundheit von

Körper, Geist und Seele Aufmerksamkeit geschenkt.

Schamanisch Reisen - Schritt für Schritt Anleitung

Dieses Buch basiert auf dem Wissen und den Erfahrungen von Diana Mekonen, welche ihre Ausbildung zur Lehrerin im "Schamanischen Reisen" 2018 auf Hawaii machte.
Mit diesem Buch möchte die Autorin ihr Wissen und ihre Erfahrung über diese fantasievolle, magische und entspannende Methode der Meditation weitergeben, damit die Leser von den positiven Effekten dieser alternativen Entspannungsmethode profitieren können.
Das schamanische Reisen wirkt entspannend, bewusstseinserweiternd, fördert die Intuition und Kreativität, schenkt Kraft vom Alltag, lehrt die Praxis der Achtsamkeit und Gelassenheit und hilft dabei Körper, Geist und Seele in Einklang zu bringen und zu halten.

Dieses Buch bietet Hintergrundwissen zum Schamanismus, eine wissenschaftliche Erklärung für die Effektivität und heilende Wirkung der schamanischen Reisen, sowie sämtliche Informationen zur Durchführung verschiedener schamanischer Reisen.

Ich habe keine Zeit für Stress

Der Mensch sehnt sich danach das Leben genießen zu können, stressfrei zu sein, glücklich und gesund. Doch warum sind so wenige Menschen in der heutigen Gesellschaft tatsächlich stressfrei, was ist Stress genau, warum kann er uns schaden und wie kann man den Stress im Leben aktiv minimieren oder sogar eliminieren?

Auf diese Fragen geht dieses Buch ein und liefert entsprechende Antworten. Zahlreiche Tipps, Tricks und Ideen laden zur direkten Umsetzung der im Buch vorgestellten Stressmanagementmethoden ein, um das eigene Leben eigenständig und nach den persönlichen Bedürfnissen stressfrei zu gestalten.

Die enthaltenen Selbsttests können Dir dabei helfen Dein Leben einmal unter die Lupe zu nehmen, um herauszufinden in welchen Lebensbereichen Du

eventuell noch etwas optimieren kannst, damit Dein Leben stressfreier wird.
Dieses Buch befasst sich zudem mit den Themen Glaubenssätze, Bewertungen, Zeitmanagement, Selbstmanagement, Lebensvisionen und Ziele und wie sie dabei helfen können ein stressfreieres Leben zu führen.
Zusätzlich werden die Themen Ernährung, Sport, Entspannung, gesunder Schlaf und Wellness in Zusammenhang mit Stress erläutert und Du erhältst zahlreiche Tipps und Tricks wie Du diese Bereiche im Zuge der Stressprävention nutzen kannst.

Leseprobe

Von der Magie der Selbstverwirklichung
Diana Mekonen

Vorwort

Dieses Buch habe ich für all die Menschen geschrieben, welche sich gerade auf der Suche nach sich selbst befinden und noch nicht so richtig wissen wie und wo die Reise hingehen soll. Ich möchte meine Geschichte mit Dir teilen, um Dir Mut und Kraft zu schenken für Dich loszugehen, ins Handeln zu kommen und auf die Hilfe des Universums zu vertrauen!
Ich fühle Deinen Schmerz, Deine Verzweiflung, Deine Not, Deine Ängste und Deine Sorgen, denn ich habe das alles auf meiner inneren und äußeren Reise zu mir selbst durchlebt. Ich kenne die Höhen und Tiefen. Ich weiß wie schwer es in der heutigen Zeit ist Entscheidungen zu treffen, für sich einzustehen, zu wissen, wer man ist oder sein möchte. Ich kenne auch die Herausforderungen der heutigen Leistungsgesellschaft, welche es sehr schwer machen authentisch zu leben und wirklich auf die eigenen Bedürfnisse und Nöte Acht geben zu können. Ich fühle Dich und mit Dir! Du bist nicht allein! Deshalb teile ich meine Geschichte mit

Dir, denn Du sollst wissen, dass auch Du Dich wieder finden wirst und auch der Weg und das Ziel mit der Zeit immer klarer werden. Das passiert nur leider nicht von ganz allein, da möchte ich ganz ehrlich mit Dir sein. Du wirst auf diesem holprigen Weg zu Dir und zur Erfüllung Deiner Träume und Ziele viel Geduld und Durchhaltevermögen brauchen, sowie ein unerschütterliches Vertrauen in Dich selbst und in die Magie des Universums! Auch kommst Du nicht drumherum aktiv ins Handeln zu kommen, denn nur wenn Du handelst werden sich die Dinge in Deinem Interesse entwickeln und nur dann wird das Universum Dich auf Deinem Weg unterstützen. Meine Geschichte soll Dir jedoch zeigen, dass sich all die Mühe, der Fleiß, die Tränen, die Geduld und das Durchhaltevermögen lohnen! Ich möchte Dir Mut zusprechen und Dir sagen: Hab Vertrauen! Gehe mit Liebe und Freude durch das Leben! Gib nie auf für Deine Träume und Bedürfnisse zu kämpfen und für sie einzustehen! Hab Spaß auf Deiner Lebensreise, vermeide jedoch Extreme. Geh Deinen Weg und nicht den, welchen andere vielleicht für Dich vorgesehen haben oder sich für Dich wünschen. Dein Leben ist Deines allein! Du darfst es genießen, dabei Spaß haben und auf Dich achtgeben! Deshalb vertraue in Dich, Deine Träume und Dein Handeln. Sei Dir der Magie des Universums auf Deinem Lebensweg bewusst, denn da draußen ist etwas unvorstellbar Wundervolles, was Dir auf Deinem Weg hilft. Das durfte auch ich auf meinem Weg zu mir selbst lernen. Diese Erfahrung möchte ich mit Dir in diesem Buch teilen. Ich möchte Dir Mut schenken, denn ich war da, wo Du vielleicht gerade jetzt in Deinem Leben stehst. Ich hatte leidenschaftliche Träume und eine Vorstellung vom Leben, welche unerreichbar und mühsam erschien. Gleichzeitig war ich verwirrt, verloren, ausgelaugt, müde, energielos, voller Sorgen und Ängste, konnte kaum noch Entscheidungen treffen, zog mich immer mehr zurück, litt unter einem schwindenden Selbstwertgefühl und Selbstbewusstsein. Mein Körper spielte verrückt. Doch ich schaffte es aus dieser Not und Verzweiflung wieder heraus. Wie ich das mit einem starken Willen, Fleiß, Durchhaltevermögen und einer Prise universeller Magie schaffte und dabei meine Berufung zum Beruf machte, dass erfährst Du jetzt...

Kapitel 1: Herzensberufung

Meine Leidenschaft für das Reisen, für andere Menschen und Kulturen, sowie die Natur und Tierwelt, entwickelte sich schon in Kindheitsjahren. Meine Eltern liebten das Reisen.

Erst mit dem Auto nach Österreich, Italien und an den Gardasee. Später auf die Balearen oder nach Griechenland mit dem Flugzeug. Als meine Eltern sich einen guten Job erarbeitet hatten, ging es auch in fernere Länder oder auf Kreuzfahrt. Die erste Fernreise nach Mauritius machten wir zu meinem 15ten Geburtstag. Damals wurde meine liebe für das Reisen so richtig geweckt. Schon vom Flughafen zur Hotelanlage verliebte ich mich in die natürliche Natur, die holprigen und ungeteerten Straßen, die farbenfrohen Häuser, Städte und Kleidungen der Menschen, die Farben, Formen, Geräusche und Gerüche. Ich liebte es an einem Ort zu sein, wo alles anders ist und einmal nicht so organisiert, sauber, kontrolliert und Menschen gemacht, wie in meiner deutschen Welt. Ich fühlte mich wohl in dieser Andersartigkeit, unter Menschen, welche mir freundlicher, herzlicher, offener und authentischer begegneten. Auch fand ich es toll mal nicht alles vorhersehen und planen zu können, mich einfach auf den Fluss des Lebens einlassen zu dürfen. Es fühlte sich wie wirkliches Leben an und wie nach Hause kommen. Ich fühlte mich, als wäre ich jetzt endlich ich, so wie ich bin. Das fühlte sich toll an. Sicher verbrachte ich für diese Erkenntnis nicht nur Zeit in der Hotelanlage. Ich schloss Freundschaft mit einem 21-jährigen Angestellten, welcher mich nach der Arbeit mit in seine Welt mitnahm. Er zeigte mir das wahre

Leben hinter den Resortmauern. Diese Erfahrung prägte mich sehr, öffnete mein Herz und meine Augen für Mitmenschen, welche ganz anders lebten, als ich. Die Rückreise war tränenreich, denn ich wollte nicht mehr zurück nach Hause. Ich wollte auf Mauritius bleiben, an dem Ort, an welchem ich mich das erste Mal wie ich selbst fühlte. Im folgenden Jahr reisten meine Mutter und ich zum ersten Mal mit einem Kreuzfahrtschiff. Auch dort schloss ich Freundschaft mit den philippinischen Angestellten, welche mich heimlich mit auf eine Party in den Mitarbeiterbereich nahmen. Eine wundervolle und einprägsame Erfahrung mit viel Musik, Liebe, Gemeinschaft, Spaß und Tanz. Neben meiner kulturellen Erfahrung an Bord des Schiffes, gefiel es mir auch, jeden Tag an einem neuen Ort aufzuwachen. Ich liebte es wie ein Nomade unterwegs zu sein. Während dieser Zeit lernte ich den Beruf des Reiseleiters kennen und mein Karrierewunsch war geboren. Ich wollte mit meiner Arbeit reisen und meine Leidenschaft für andere Länder und Kulturen mit anderen teilen. Immerhin würde der Reiseleiterjob es mir erlauben, meine Zeit außerhalb Deutschlands zu verbringen. Dort fühlte ich mich nie wohl. Fast so, als könnte ich dort nicht ich selbst sein. Also beschloss ich mit 16 Jahren, dass ich Tourismus studieren und dann in dieser Branche arbeiten wollte. Es kam jedoch anders. Zum Zeitpunkt meines Abiturs entschieden meine Eltern sich scheiden zu lassen, meine beste Freundin ging als Au-Pair nach Australien und auch mein bester Kumpel verschwand auf eine Rucksackreise nach Australien. Ich fiel in ein Loch und musste mich das erste Mal in meinem Leben wieder finden. Nach ein paar depressiven Monaten entschied ich mich ebenso nach Australien zu reisen, um dort meinen Kumpel zu treffen. Ich ahnte nicht, dass mein Leben sich für viele Jahre komplett verändern würde, als ich im Dezember 2003 nach Australien flog.

Platz für Notizen

Auf meinen Reisen, im Alltag, oder wenn ich Bücher lese, notiere ich mir immer wieder gerne meine Gedanken und Eindrücke.
Wenn es Dir auch so geht, oder Du nun Lust dazu bekommen hast, dann nutze die folgenden Seiten für Deine Gedanken und Eindrücke… Viel Spaß dabei!

Printed by Amazon Italia Logistica S.r.l.
Torrazza Piemonte (TO), Italy

58411687R00067